똑똑한 입시는
이 한 줄이 다릅니다

똑똑한 입시는 이 한 줄이 다릅니다

초판 발행 2025년 6월 23일

지은이 황순찬
발행인 이종원
발행처 길벗스쿨
출판사 등록일 1990년 12월 24일
주소 서울시 마포구 월드컵로 10길 56(서교동)
대표 전화 02)332-0931 | 팩스 02)323-0586
홈페이지 school.gilbut.co.kr | 이메일 gilbut@gilbut.co.kr

기획 및 책임편집 김윤지(yunjikim@gilbut.co.kr) | 디자인 박상희 | 제작 이준호, 손일순, 이진혁
마케팅 양정길, 이지민 | 유통혁신 진창섭 | 영업관리 정경화 | 독자지원 윤정아

전산편집 도설아 | 교정교열 황진주 | 출력 및 인쇄 교보피앤비 | 제본 신정문화사

- 잘못 만든 책은 구입한 서점에서 바꿔 드립니다.
- 이 책은 저작권법에 따라 보호받는 저작물이므로 무단전재와 무단복제를 금합니다.
  이 책의 전부 또는 일부를 이용하려면 반드시 사전에 저작권자와 길벗스쿨의 서면 동의를 받아야 합니다.

ISBN 979-11-6406-943-9 03370
(길벗스쿨 도서번호 600011)

정가 18,000원

독자의 1초를 아껴주는 정성 길벗출판사
(주)도서출판 길벗 IT교육서, IT단행본, 경제경영서, 어학&실용서, 인문교양서, 자녀교육서 ▶ www.gilbut.co.kr
길벗스쿨 국어학습, 수학학습, 어린이교양, 주니어 어학학습, 학습단행본 ▶ www.gilbutschool.co.kr

똑똑한 입시는
이 한줄이
다릅니다

황순찬 지음

길벗스쿨

일러두기
책에 등장하는 이름은 모두 실명이 아닌 가명입니다.
2부와 3부에 수록한 계열별 학종 우수 사례는 실제 사례와 가상의 사례를 함께 수록했습니다. 실제 사례는 학생의 동의를 구해 수록했으며, 가상의 사례는 입시 일반론을 중심으로 바람직하다고 할 수 있는 시나리오를 작성하여 설명했습니다.

머리말

"선생님, 오늘 말씀해 주신 내용을 아이한테도 그대로 얘기해 주실 수 있나요?"

학부모와 상담이 끝날 때 자주 듣는 말입니다. 대상만 바꾸어 똑같은 말을 반복할 생각을 하니, 솔직히 처음에는 답답한 마음이 들었습니다. 하지만 부모의 마음에 그럴 수 있다는 생각으로 "네, 최대한 잘 설명할게요."라고 얘기했습니다. 그런데 그 후에 덧붙는 말을 들으면서 미처 생각지 못한 다른 문제가 있다는 확신이 들었습니다.

"아이가 제 말은 안 듣는데 선생님 말씀은 잘 들어요."

진학 교사로서 수많은 학부모와 상담을 하고 대입 설명회를 해왔습니다. 그러다 보니 날이 갈수록 입시를 좀 더 잘 이해하게 되었고, 그만큼 다른 곳에서는 듣기 어려운 얘기를 하려고 노력했습니다. 그런데 어느 순간 '내가 하는 말을 학부모들이 다 이해하셨을까?'라는 궁금증이 들기 시작했습니다. 조금만 깊이 들여다 보면 제 설명을 이해하는 경우보다 그렇지 않은 경우가 더 많다는 걸 알 수 있었습니다. 아이러니하게도 제가 진학 전문가가 될수록, 더 전문적이고 알찬 정보를 제공하려고 노력할수록, 오히려 학부모와의 사이에 높은 벽을 쌓고 있다는 느낌이 들었습니다. 돌이켜보면 서로에게 답답한 시간들이었던 것 같습니다.

소위 '고급 입시 정보', '꿀팁'이라고 홍보하면서 설명하는 입시 전략들이 과연 학부모에게 잘 전달되고 있을까요? 마치 인수분해를 못하는 학생에게 "미적분이 중요하니 이걸 알아야 해."라고 가르치는 꼴과 비슷하진 않을까요? 진학 전문가로서 연차가 쌓이면 당연히 갖고 있는 고급 정보는 늘어나겠지만, 반대로 입시 정보 전달 성공률은 훨씬 낮아질 수 있습니다. 그래서 이러한 '전문가의 함정'에 빠지지 않으려면, 더 쉽고 직관적인 정보 전달이 필요하다고 생각했습니다. 입시에 귀가 트인 분들에게는 전략적이면서도 구체적이고 개별적인 정보를 제공하는 게 더 좋겠지요. 하지만 입시 상담을 해 보니 생계와 삶이 바빠 아이 입시까지 신경쓰기 어려운 학부모가 훨씬 많다는 것을 깨닫게 되었습니다. 그러면서 입시를 처음 접하거나 잘 모르는 분들을 위해, 특히 첫째 아이의 입시를 앞둔 학부모, 혹은 시간이 흘러 입시가 많이 바뀐 탓에 헤매는 둘째, 셋째 아이의 학부모들께 '아이와 함께' 입시를 쉽게 알아가도록 도움을 드리고 싶었습니다.

이 책은 입시 환경에서 자녀 교육을 어떻게 해야 할지 고민인 학부모가 첫 발을 내딛게 돕는 책입니다. 주변 사람들은 다 아는데 나만 모르는 것 같은 생각에 초조해지는 학부모의 심정을 헤아리며 내용을 쉽게 전달하고 싶은 마음을 책에 담았습니다.

1부에서는 아이가 입시를 시작할 때 학부모가 궁금할 만한 내용 위주로 쉽게 설명했습니다. 특히 1장과 2장에서 부모가 아이의 입시에 어떤 부분을 도와주면 좋은지 구체적으로 이야기했습니다. 2부에서는 실제 사례를 구체적으로 살펴보며 입시를 이해할 수 있도록 설명했습니다. 어쩌면 2부가 더

솔깃한 정보이지만, 입시 초보 학부모이거나 입시는 잘 알지만 아이와의 관계가 어렵다면, 1부부터 차근차근 읽어 보길 바랍니다.

대입 전형이 매우 복잡한 게 사실입니다. 또한 단번에 입시 고수가 되기는 어려운 것이 맞습니다. 아이들에게 당장 공부를 열심히 한다고 해서 바로 성적이 잘 나오지는 않지만 차근차근 꾸준히 하다 보면 반드시 좋은 성과가 따라올 것이라고 말하는 것처럼, 입시도 아이와 함께 꾸준히 동행해 보세요. 이 책과 더불어 입시 초보 학부모에서 입시 고수가 되는 과정에서 아이와 더욱 가까워질 수 있길 응원합니다.

저자 **황순찬**

최소한의 입시 용어

수시 모집(수시)

정시 모집에 앞서 학생의 다양한 능력과 재능을 반영하여 신입생을 선발하는 방식입니다. 일반대학은 최대 6회 지원이 가능하며, 수시 모집에 합격하면 정시 모집에 지원할 수 없습니다. 수시 모집에 지원자가 미달된 모집단위는 정시 모집으로 이월하여 추가로 선발하기도 합니다. 수시 대 정시의 선발 비율은 대학마다 다르나 보통 7:3 내외입니다.

수시 모집의 세부 전형으로는 학생부종합전형, 학생부교과전형, 논술전형, 실기실적 등이 있습니다. 전형 이름은 평가 항목의 비중이 50% 이상인 것을 기준으로 명명됩니다. 예를 들어, 학생부 교과 성적(정량) 70%와 학생부종합평가 30%를 반영하는 전형은 학생부교과전형이라고 합니다.

정시 모집(정시)

수시 모집 이후에 대학이 일정 기간을 정해 신입생을 모집하는 선발 방식으로, 수능 성적표가 배부된 후 모집군을 나누어 신입생을 모집합니다. 보통 가군, 나군, 다군으로 분류되며, 군별로 1회씩 총 최대 3회 지원할 수 있습니다.

학생부위주전형

학교생활기록부를 주된 전형 요소로 활용하는 전형으로, 학생부교과전형과 학생부종합전형을 통칭하는 표현입니다.

학생부종합전형(학종)

수시 모집의 대표 전형 중 하나로, 학교생활기록부가 핵심 평가 요소입니다. 입학사정관이 학교생활기록부를 중심으로 학생을 정성적으로 종합평가하는 전형입니다. 정량평가하는 학생부교과전형과 대비됩니다.

학교생활기록부(생기부)

고등학생의 학적을 기록한 장부로, 개인의 고교생활 역사서라고 할 수 있습니다. 예전부터 있었지만, 최근 학생부종합전형의 핵심 평가자료로 활용되면서 입시의 큰 축을 차지하고 있습니다. 약어의 정식 명칭은 '학생부'이나 '생기부'라는 용어가 더 보편적으로 활용되고 있습니다. 생기부의 여러 항목 중 대부분의 영역이 평가자료로 전송되어 평가에 활용됩니다.

입학사정관(입사관)

학생의 학교 생활 기록, 인성·능력·소질·지도성 및 발전 가능성 등 다양한 특성과 경험을 대학의 입학전형 자료로 생산·활용하여 학생을 선발하고, 대입 전형과 관련한 연구·개발 업무를 전담하는 전문가입니다.

학생부교과전형(교과전형)

학생 교과성적을 중심으로 정량적으로 평가하는 전형입니다. 쉽게 말해 '내신 줄 세우기'라고 보면 됩니다. 정성평가를 하는 학생부종합전형과 대비됩니다.

내신

'상급 학교 진학과 관련하여 선발의 자료가 될 수 있도록 지원자의 출신 학교에서 학업 성적, 품행 등을 적어 보내는 것 또는 그 성적'이 엄밀한 정의이긴 하나, 통상 숫자로 표현되는 성적을 의미합니다. 쉽게 말해, '내신이 나쁘다'는 말은 곧 '교과 성적이 나쁘다'는 말과 같다고 이해하면 됩니다.

논술전형

'논술위주전형'이 정식 명칭이며 대학별로 출제하는 논술고사를 주된 전형요소로 반영하는 전형 유형입니다.

학생부 교과

학생들이 각 교과목의 교육과정을 통해서 얻은 학업성취의 수준을 말하며, 통상 '내신'이라고 불리는 숫자를 의미합니다. 엄밀히 말하면 '세부능력 및 특기사항(세특)'도 이에 해당되나, 간혹 세특을 비교과로 분류하여 설명하기도 합니다.

교과 세부능력 및 특기사항(세특)

각 교과별로 교과교사가 작성하는 학생의 특기사항으로, 해당 교과의 성취수준, 학습 태도, 역량 등을 기록합니다. 현재 학교생활기록부에서 내신(숫자) 다음으로 가장 중요한 영역입니다.

비교과

학생들이 교육과정 중에서 경험한 모든 활동 내용을 말하며, 통상 '내신'이라고 불리는 숫자 이외의 모든 것을 의미합니다.

창의적 체험활동(창체)

자율활동, 동아리활동, 진로활동, 봉사활동을 통칭하는 표현으로 '비교과'라 했을 때, 창체를 의미하는 경우가 많습니다.

목차

머리말   5

최소한의 입시 용어   8

PART 1   대입 걱정 없는 고등 생활

아이를 어떻게 도와줘야 할까요?   19

대입을 준비할 때 가장 고민되는 점들   58

2028 대입이 크게 바뀐다는데 뭐부터 해야 할까요?   86

PART 2   자연계열 학종 우수 사례

Case 01   의학 세부 분야에 관심을 둔 의대준비생인 정민   109

Case 02   의과학자를 꿈꾸는 실험 역량이 뛰어난 준서   114

Case 03   의대를 희망했지만 치의예과에 합격한 승재   119

Case 04   수학 약점을 극복하고 약대를 휩쓴 다각형 인재인 다현   123

Case 05   한의사에게 필요한 역량이 무엇일까 고민하며 성장한 치영   127

Case 06   생명에서 수의예로 진로가 좁혀진 정호   131

Case 07   신소재와 의류학 병행에 성공한 융합형 인재인 세정   137

Case 08   3년간 극지만 파고 관련 연구로 특이학과에 합격한 영빈   143

Case 09   지구과학과 지리를 융합한 통섭적 인재인 지민   147

PART 3 인문계열 학종 우수 사례

Case 10   역량이 가장 중요함을 보여주는 6장 전승의 민하   159

Case 11   6등급 수학 성적을 극복한 일본어 역량을 갖춘
교사 자질의 진주   165

Case 12   경제에 대한 관심과 중국어 역량을 바탕으로
적절한 학과를 찾아낸 나랑   170

Case 13   뇌과학에 능통한 심리학도가 되고 싶은
수학 잘하는 문과생인 수현   176

이런 입시 정보는 어디서 얻는 걸까?   182

에필로그   188

PART 1

대입 걱정 없는 고등 생활

아이가 태어난 게 엊그제 같은데, 벌써 고등학교 입학을 앞두고 있습니다. 이제 대학 입시를 준비해야 하는데 뭐부터 해야 할지 잘 모르겠고 정보를 찾다 보니 복잡하고 어렵습니다. 아이의 공부 외에도 신경 쓸 일이 많은데, 주변 다른 학부모들을 보면 어디에서 정보를 얻는지, 잘 준비하는 것만 같습니다.

"친구 딸은 수학 선행을 마쳤다고 하던데…."
"동네 맘카페에서 보니까 어느 대학 수시를 준비한대!"
"유튜브를 보면 벌써 입시 컨설팅을 받는 것 같아."

이런 얘기를 들으니 괜히 마음이 더 급해집니다. 나 빼고 대부분 척척 잘하는 것 같아 보이나요? 하지만 실제로는 주변과 끊임없이 비교하며 조바심에 전전긍긍하는 학부모들이 더 많습니다. 마치 SNS와 비슷하지요. SNS를 보면 일상에서 가장 빛나고 좋은 순간만 쏙쏙 빼서 공개합니다. 그 모습이 마치 전부인 것처럼 높아진 눈과 기준으로 내 삶과 비교하게 되죠. 오죽하면 요즘 출생률이 낮아진 이유 중에 하나가 SNS로 인한 상대적 박탈감이라는 주장이 있을 정도입니다.

아이의 공부나 입시도 다르지 않습니다. 대부분의 학부모는 입시를 잘 모르는데, 우리나라에서 입시가 갖는 위력을 너무 잘 아니까 '일단 남들 다 하니까 나도 해야겠다'고 쉽게 판단합니다. 결국 입시 상황에 놓인 아이와 가족이 앞으로 가야 할 방향을 소신 있게 판단하지 못한 채, 대중매체나 일명 돼지 엄마¹가 떠드는 '세상에, 이걸 놓치고 있어요! 지금 당장 해야 해요.'라는 공포 마케팅에 넘어가는 것이죠. 그러다 보면 노후 대비를 포기하면서까지 아이 교육에 최대한 투자하고 보는 잘못된 판단이 앞서게 됩니다.

사교육을 하더라도 아이에게 알맞은 방법이 필요합니다. 하지만 이 당연한 사실이 제대로 이루어지고 있지 않다는 것이 문제이죠. 예를 들어, 동네 엄마들 모임에서 입시에 대한 여러 이야기를 듣고 온 엄마가 조급한 마음에 아이에게 "옆집 아이는 벌써 학종을 위해 여러 가지 준비를 한다는데, 넌 알아보고 있니?"라고 묻습니다. 그러자 아이가 소파에 기대 앉아 심드렁하게 이야기합니다. "몰라. 내가 알아서 할게." 속이 터질 노릇이죠? 자연스레 잔소리가 이어지고, 아이는 점점 말이 없어집니다. 이때, 주변을 보고 난 후 아이의 겉모습을 보는 시선 이동이 옳은지에 대한 정확한 판단이 필요합니다. 이건 마치 SNS에서 해외 여행을 다니는 타인을 보다가, 내 생활을 보는 것이나 다름없습니다. 내가 어느 나라를 여행하고 싶은지, 왜 가고 싶은지, 이 소비를 합리적으로 감당할 수 있는지를 정확히 판단하지 못하고 타인을 따라하는 삶을 살게 됩니다. SNS에 보이는 타인의 삶보다 내 삶에 집중하는 것이 더 중요한데도 말이죠.

입시도 마찬가지입니다. 평균에 집착하며 남들과 같은 속도로 달리라고

---

1 학원가에서 다른 학부모들을 이끌고 다니며 영향력을 행사하는 학부모 유형을 말합니다.

아이를 채찍질하기보다는 부모가 아이를, 아이는 자신을 돌아보고 판단해야 합니다. 또한, 부모는 아이가 준비해야 할 것들을 설득이 아닌 납득할 수 있도록 돕는 게 중요합니다. 입시에 성공하기 위한 길은 내 아이를 '잘' 아는 것부터 시작합니다. 이는 입시를 넘어 궁극적으로 행복한 부모와 자녀 관계를 만들고, 나아가 행복한 삶의 큰 원동력이 될 것입니다.

무엇보다 중요한 점은 같은 성취라도 어떻게 만들어내냐는 것입니다. 강압에 의해서 성취를 이뤄 낸 아이가 있고, 작은 일이라도 능동적으로 삶을 돌파해 스스로 성취를 이뤄 낸 아이가 있다고 했을 때, 두 아이가 맞이하는 20대는 어떻게 다를까요? 물론 20대 초반에는 SKY 대학을 다니는지, 인서울 학교에 다니는지에 따라 심리적 영향을 받을 수 있습니다. 하지만 결국엔 스스로 목표한 성공을 이룬 아이들이 더 주체적이고 행복하게 인생을 살아갈 확률이 높다고 확신합니다.

아이를 어떻게 도와줘야 할까요?

선생님, 우리 아이만 늦은 거 아닐까요?

본격적으로 입시를 준비하다 보면 조급함이 생기기 쉽습니다. 하지만 '우리 아이만 늦은 게 아닐까?'라는 걱정보다는 '내 아이는 어떤 아이일까?', '아이의 특성에 맞춰 어떻게 성장시킬 수 있을까?'라는 질문을 던지는 것이 장기적으로는 훨씬 더 중요합니다. 그렇다면 구체적으로 어떻게 아이를 대해야 할까요? 평소 자녀와 나누는 대화법을 잠깐 돌아보며 그 방향을 함께 찾아보겠습니다.

밀어주기 대화와 알아가기 대화

대화에도 여러 종류가 있습니다. 똑같이 걱정하는 말인 것 같지만 아이의 사기를 꺾는 말이 있고, 자존감을 세워 주고 동기를 불러일으키는 말이 있습니다. 어떤 때에, 어떤 말을, 어떻게 하는 게 좋을지 다음 대화를 통해 살펴볼까요?

'우리 아이만 늦은 게 아닐까?' 걱정하는 '밀어주기 대화'의 예

▶ 학원 숙제 다 했어?

▶ 방학 때 수학 어디까지 끝내야지. 친구는 벌써 어디까지 뗐다더라.

▶ 내년에 학년이 올라가면 수학 학원 다녀야지.

▶ 이거를 틀렸니?

▶ 이번에 본 시험 점수 몇 점이야?

▶ 대학교 어디 갈지 알아봤어?

▶ 논술 학원은 언제부터 다닐래?

▶ 이 주제로 탐구해. 이게 학종에 좋다더라.

▶ 학원에서 선행한 거니까 학교 수업 들을 만 했지?

▶ 시험이 언제야?

▶ 다 너 잘 되라고 하는 얘기인데, 이게 왜 잔소리야?

▶ 최고가 되라는 게 아니야, 최선을 다하라는 거지.

▶ 내가 다른 부모들에 비해서 이만큼 투자[1] 했는데 공부를 왜 안 하니!

아마도 대다수의 학부모들은 밀어주기 대화를 자주 사용할 것입니다. 밀어주기 대화를 하면 당장 코앞에 닥친 시험에서 긍정적인 영향을 주기도 합니다. 하지만 장기적으로 부모와 자녀 관계에 부정적인 감정이 쌓일 수 있고, 최악의 경우 최종 입시 결과에도 좋지 않은 영향을 미치는 경우가 꽤 많습니다.

---

1 학부모, 학생 동반 상담 때 직접 들었던 표현입니다. '투자'라고 표현하는 학부모의 마음과 현실은 아주 충분히 이해하지만 아이 입장에서는 부담스러운 표현입니다. 아이는 자신을 사랑의 대상이 아닌 투자의 대상처럼 느낄 수 있으니까요.

반대로 알아가기 대화는 대입이라는 장기전에서 건강하게 레이스 할 수 있게 도와줍니다. 이런 식의 대화는 아이가 심리적 안정감을 느끼도록 하고, 이를 바탕으로 학습에 장기적으로 항심[2]을 발휘할 수 있기 때문에, 결과적으로 좋은 입시 결과를 내는 데 큰 도움이 됩니다. 가장 중요한 건 학생부종합전형(이하 학종으로 표기)에서는 알아가기 대화를 통해 성장한 아이들이 훨씬 더 주도적으로 자신의 역량을 펼쳐 좋은 입시 결과를 얻는 경우가 많다는 것입니다(이에 대해서는 2부와 3부에서 자세히 설명하겠습니다). 더욱이 상위권 대학으로 갈수록 학종 선발 비율이 높은 편이고 2028 대입에서도 여러 형태로 늘어날 가능성이 더 높다는 게 전문가들의 의견입니다.

'내 아이는 어떤 아이일까?' 생각하는 '알아가기 대화'의 예

▶ 오늘 학교 수업은 어땠어?
▶ 오늘 배운 내용 중에 어려운 부분이 뭐였어? 뭐가 재밌었어?
▶ 오늘 선생님께 어떤 질문을 했니?
▶ 이번에 그 수업 들어보니 ○○이는 발표로 표현하는 게 좋아, 글로 쓰는 게 좋아?
▶ 최근에 ○○이가 뿌듯했던 일은 뭐야?
▶ 이번 경험을 앞으로 어떻게 이어갈 수 있을까? 또 해 보고 싶은 걸 같이 찾아볼까?
▶ 배우고 느낀 점을 같이 정리해 볼까?
▶ ○○이가 했던 질문의 답을 찾으려면 어떻게 탐구를 계획하면 될까?

---

[2] '꾸준함'과 비슷한 말로 제가 학교에서 아이들을 가르칠 때 자주 쓰는 말입니다. 현재 성적과 관계없이 꾸준한 태도로 학습하는 게 기본이자 핵심이라고 늘 강조합니다.

- 엄마(아빠)의 도움이나 의견이 필요한 게 있으면 언제든, 무엇이든 이야기하렴.
- OO이가 그렇게 판단한 이유를 얘기해 볼래?
- 오늘 설명회에서 이런 자료를 주던데, OO이에게 필요한 내용이 뭘까? 같이 고민해 볼 점은 뭘까?
- 엄마(아빠)의 의견에 어떤 부분이 공감되는 것 같아?
- 이번 시험에서는 어떤 것이 중요한 것 같아?
- 네가 흔들릴 때 공부하라고 잡아줬으면 좋겠어, 아니면 믿고 기다려줬으면 좋겠어? 왜 그렇게 생각해?
- 너의 꿈을 위해서 우리가 무엇을 준비하면 좋을까?
- 학원에서 배운 부분과 학교에서 배운 부분에서 어떤 점이 다르다고 생각하니?

때로는 아이들에게 밀어주기 대화가 적절히 필요하기도 합니다. 예를 들어, 며칠 뒤가 중간고사인데 유튜브 쇼츠 영상만 멍하니 보고 있다면 당연히 제재할 필요가 있죠. 이런 상황에서는 밀어주기 대화가 필요합니다. 그런데 문제는 밀어주기 대화가 학부모의 일방적인 속단으로 진행되는 경우가 많다는 것입니다. 사실상 그 대화는 밀어주기 효과가 거의 없는데도 말이죠 (말한다고 들을 것이었으면 진작 최상의 상태가 되었을 것입니다). 효과가 없으면 차라리 다행인데 오히려 역효과가 납니다. 따라서 아이와의 대화가 주로 밀어주기 성격이 강하다면 더 신중하게 아껴서 활용하는 연습이 필요합니다. 그러고 나서 아이와 어떤 방식으로 자신을 대했으면 좋겠는지, 그 방식이 왜 좋은지, 어떻게 받아들이는지 꾸준히 대화해 보세요. 발달 상태와 처한 상황, 경험에 따라 아이가 필요로 하는 대화가 다를 수 있기 때문입니다. 지금 내 아이가 어떤 상태인지를 상시적으로 아는 것이야 말로 학부모의 가장 큰 역할이라 할 수 있습니다. U&I학습유형검사 같은 검사도 학습자로서의 행동, 태도, 성격, 양식을 알아보는 데 도움이 됩니다.

부모도 사람인데 화가 나고 잔소리가 하고 싶은 순간이 왜 없을까요? 하지만 잠시 호흡을 가다듬고 알아가기 대화를 하려고 노력해 보세요. 평소에 청소년기 자녀와의 대화법을 다루는 책을 읽어두는 것도 장기적으로 도움이 될 것입니다. 입시는 언젠가 반드시 끝이 나지만, 아이와의 관계는 평생 남으니까요.

교실에서도 알아가기 대화를

교실에서도 밀어주기 대화가 시급한 아이가 있고, 알아가기 대화가 필요한 아이가 있습니다. 고등학교 3학년 6월이 되면 평가원 모의고사를 치릅니다. 6학종[1] 지원을 앞두고 해야 할 일의 압박감에 엉엉 우는 상위권 학생들이 있습니다. 그때는 저도 "이것만 넘기면 된다. 조금만 참자."며 밀어주기 대화를 활용하기도 합니다. 하지만 그 외 많은 학생들, 특히 학종을 제대로 이해하고 준비하지 못하는 아이들은 알아가기 대화가 부족한 아이들입니다.

교사와 학부모는 아이를 교육하는 교육 공동체의 구성원으로서 아이의 상황을 함께 살피고, 필요한 것을 함께 공유하는 사이어야 합니다(이건 학원에서도 마찬가지입니다. 학원에 아이를 그냥 맡기는 게 아니라 학원 선생님과도 적극적으로 소통해야 합니다). 설령 교사가 학부모 대신에 쓴소리를 해주어도, 아이는 나중에 부모에게 방치를 당했다고 느끼기도 하니까요.

---

1 대입 수시 전형에서 지원할 수 있는 6번의 기회를 모두 학종으로 지원하는 것을 말합니다.

아이의 대입을 마친 학부모는 어떤 후회를 할까요?

무언가 어려운 일이 생겼을 때 우리는 어떤 사람을 찾게 되나요? 그 길을 '먼저 간' 사람들을 찾습니다. 선(先)생님, 선(先)배 같은 사람들 말입니다. 후회 없는 입시 준비를 위해, 자녀 교육 선배들의 이야기를 잠깐 들어보겠습니다.

학부모 중에 '아이의 입시 과정에서 후회되는 것이 있습니까?'라고 물었을 때 '없다'고 대답할 수 있는 사람은 거의 없을 것입니다. 사실 후회는 결과에 따른 감정이라는 특징이 아주 강합니다. 특히 입시 문제는 더더욱 그렇습니다. 만약 학원을 안 보냈는데 입시 결과가 안 좋았다면, 학원을 안 보낸 것이 실제 원인이든 아니든 상관없이, 학부모라면 누구나 '남들 다 해주는 것을 해주지 못해서 그런가'라는 후회를 하게 되는 것처럼 말이죠.

'아이의 입시 과정이나 학습과 관련해 후회가 남는 점'이라는 질문에 학부모의 다양한 답변을 하나하나 분석해보았습니다. 그중에서도 자주 등장하는 이야기를 6가지로 유형화해 더 세밀하게 살펴보았습니다.[1]

자기주도성에 대한 후회

▶ 자기주도 학습이 탄탄해지도록 미리 습관화하지 못한 게 후회됩니다.

---

[1] 2024년 1~2월, 165명의 학부모를 대상으로 설문을 진행했습니다. 전국적으로 표본을 수집하기 위해 노력했지만, 주로 자사고 학부모가 대부분의 표본을 이루고 있습니다. 따라서 입시에 대한 의식이 약간 높을 수 있습니다.

> ▶ 주도성(적극성, 주체성, 절실함)과 관련해 본인이 얼마나 절박한가, 자기주도적으로 계획을 세우고 실천해 나가는가, 얼마나 끈기 있게 할 수 있는가 등의 문제에 언젠가는 부딪히게 되더군요. 고등학생이 되니 부모가 이끌어줄 수 있는 부분에 한계가 있음을 느낍니다.
>
> ▶ 스스로 학습하는 습관을 만들어주지 못한 점이 후회됩니다.
>
> ▶ 스스로 공부할 수 있는 습관을 들였으면 어땠을까 후회됩니다.
>
> ▶ 아이가 주도적으로 해 나갈 수 있도록 기다렸어야 하는데 부모가 먼저 앞서 나갔던 순간들이 후회됩니다.
>
> ▶ 스스로 깊게 생각하게 기다려주지 못한 것이 후회됩니다.

중학교 내신은 그나마 시켜서, 억지로 하는 공부로 커버될 수도 있습니다. 하지만 고등학교 내신, 특히 수능은 그 정도 수준으로 안 된다는 것에 많은 학부모들이 공감합니다. 어릴 때부터 주도적으로 학습목표를 설계하고 높은 메타인지를 바탕으로 자신의 성장을 이끄는 학생들이 고등학교 과정에서도 자신의 부족한 점을 보완하고 실패를 극복해 나갑니다. 그리고 성취를 통해 더욱 폭발적으로 성장합니다.

어떤 부모들은 너무 어릴 때부터 아이에게 스스로 학습하도록 맡긴 점을 후회합니다. 또는 "우리 애는 알아서 못 하고 꼭 시켜야만 해요."라고 말합니다. '시킨다'는 것을 따져보면 아이가 자기주도성을 발휘할 틈이 없이 부모가 개입하는 수동적인 상황이 대부분입니다. 정말 부모가 아이에게 지시만 하는 것이죠. 자기주도적인 학습과 탐구의 경험이 없는 아이들이 대뜸 자기주도성을 발휘할 수는 없습니다. 그러므로 부모는 아이의 자기주도성이 어느 정도인지 인식하고, 단계적이고 성취 가능한 범위에서 아이를 이끄는 것이 핵심입니다. 물론 자기주도성을 길러주는 것과 방임은 어쩌면 한

끗 차이이지만 엄연히 다릅니다.

<u>자기주도성은 대입에서 학종으로 합격하는 데 가장 중요한 열쇠입니다.</u> 시키는 공부를 잘하는 학생은 설령 내신은 좋을지라도, 태도나 깊이에서 한계가 나타날 수밖에 없습니다. 자기주도성은 3년 동안 수십 명의 교사가 한 학생을 면밀히 관찰한 결과가 학교생활기록부(이하 생기부로 표기1))에 모두 표현됩니다. 생기부에서 학생들마다 가장 편차가 나타나는 것이 자기주도성이기도 합니다. '어떤 활동을 어떻게 시키면 대입에 유리하더라'라는 정보를 듣고 단순히 기술적으로, 수동적으로 하는 학생들은 적어도 3년짜리 생기부를 통틀어 살펴보면 대부분 티가 납니다.

아래는 학종에서 입학사정관이 생기부를 평가할 때 던지는 질문(평가 내용) 중 자기주도성과 밀접한 내용 가운데 일부입니다.

▶ 성취 동기와 목표 의식을 가지고 자발적으로 학습하려는 의지가 있는가?
▶ 새로운 지식을 획득하기 위해 자기주도적으로 노력하고 있는가?
▶ 교과와 각종 탐구활동 등을 통해 지식을 확장하려고 노력하고 있는가?

자기주도성은 단기간에 길러지는 역량이 아닙니다. 그래서 시키는 공부만 잘하던 아이들이 학종의 평가 방식을 알고 난 뒤 어렵다고 말하곤 합니다. 앞으로 지원할 전공과 관련된 활동만 많이 하면 되는 줄 알았으니까요. 다소 부족한 내신을 보완할 수 있는 길은 생기부에서의 '전공 관련 경험'보

---

1 학교생활기록부의 정식 약어는 '학생부'입니다. 대학 공식 문서나 교육청 설명회 등에서는 정식 용어가 더 많이 사용되지만, 통상적으로 '생기부'라고 많이 부르고 있어서 이 책에서는 '생기부'로 표기하였습니다.

다는 앞서 본 질문(평가 내용)에 좋은 대답이 담겨 있는 생기부입니다. 그러므로 질문에 진정성 있게 긍정적인 평가를 받을 수 있는지 체크해 볼 필요가 있습니다. 그러려면 아이의 수준에 알맞은 과제를 적절히 제공해 스스로 성취하게끔 하는 것이 중요합니다. 또한, 결과물의 완성도를 떠나 자기주도성을 발휘한 순간을 포착해 칭찬하고 독려하는 것이 매우 중요합니다.

독서에 대한 후회

- ▶ 책을 많이 읽힌 편이지만, 아이가 더 읽었으면 좋았을 것 같습니다.
- ▶ 더 다양한 독서를 하도록 유도하지 못한 점이 아쉽습니다.
- ▶ 초등학교 고학년 이후부터는 영어, 수학에 신경 쓰면서 독서 부분이 미흡해진 것이 후회됩니다.
- ▶ 학습을 위해서는 문해력과 배경 지식이 중요한데 그만큼 독서를 못 시킨 것 같아 후회됩니다.
- ▶ 중학교 때 독서를 제대로 하게 할 걸 하는 생각이 듭니다.

고등학교에서 학년이 올라갈수록, 수능이 가까워질수록 문제풀이 위주의 공부 비중이 늘어날 수밖에 없습니다. 그만큼 책을 읽을 시간적 여유가 없다는 뜻이죠. 아이들 입장에서는 당장 수학 문제도 안 풀리는데, 장기적으로 여러 역량을 기르기 위해 책을 읽어야 한다는 말에 공감하기 힘들어 합니다. 학종 때문에 어쩔 수 없이 책을 읽더라도, 정독이 아니라 대부분 발췌독을 하는 것이 현실이죠.

책을 읽지 않던 학생은 당연히 입시에 취약할 수밖에 없습니다. 모의고사나 수능에서 국어와 영어 과목(사회탐구 과목도 일부분)은 긴 텍스트를 읽고 단번에 이해할 수 있어야 합니다. 이 능력은 고등학교에 들어가서 반복적인 학습을 통해 기술적으로 길러지기도 하지만, 오랫동안 책을 많이 읽고 길러진 문해력, 논리력을 가진 아이들의 본질적인 힘을 따라가긴 어렵습니다. 이는 공부의 효율성과도 직결됩니다. 텍스트를 읽고 파악하는 역량이 뛰어난 학생들은 시험을 볼 때나 공부를 할 때 어떤 과목에서나 학습 속도에서 유리할 수밖에 없습니다. 똑같이 1시간을 공부해도 읽어내는 양이 다르기 때문이죠.

또한, 독서를 통해 길러진 문해력과 논리력은 학종에 밀접한 영향을 줍니다. 학종에서 독서를 통한 탐구가 중요한 것은 모두 잘 알고 있습니다. 하지만 피상적으로 무조건 중요하다는 게 아닙니다. 독서가 중요한 가장 큰 이유는 바로 '질문하는 힘', 다시 말해 '지적호기심' 때문입니다. 독서를 통해 사물과 현상을 이해하고, 여러 질문을 던지는 역량을 기를 수 있습니다. 스스로 다양한 질문을 해본 학생들은 고등학교에 가서도 지식을 있는 그대로 받아들이는 것이 아니라, 배운 내용에 여러 가지 의문을 품을 줄 압니다. 여기서 말하는 '의문'이란 확장적인 질문을 던진다는 뜻입니다. 이러한 태도가 중요한 이유는 고등학교 탐구활동의 핵심이자 출발은 교과에서 배운 내용에 '질문'을 던지는 것이기 때문입니다. '어떤 걸 탐구하면 대학을 잘 가나요?'라고 질문하며 탐구 주제를 추천 받아 활동하는 것은 학종에서 큰 영양가가 없습니다. 배운 내용에 스스로 질문을 던지고 출발하는 것이 나만의 영양가 있는 음식을 만드는 과정이라 할 수 있습니다. 비슷한 이유로, EBS 입시 대표 강사 윤윤구 선생님은 '가족 독서'를 추천합니다.[1] 함께 책을 읽고

---

[1] 물론 대한민국의 모든 가정이 생계 활동 이후에 가족 독서를 한다는 것은 정말 어려운 일이라는 것도 잘 알고 있습니다. 하지만 적어도 아이가 독서를 통해 성장하게끔 해야 함을 이야기하고 싶은 것입니다.

생각을 나누는 과정을 통해 학습과 탐구에 필요한 역량들을 기를 수 있기 때문입니다.

독서를 통해 장기적으로 쌓인 역량은 학종 이외에도 인문계 논술 전형, 최상위권 대학의 제시문 면접 전형에서도 빛을 발휘합니다. 보통 논술, 면접을 준비한다고 하면 학원부터 떠올립니다. 논술이나 면접 학원을 다니는 것도 물론 단기적으로는 의미가 있겠지만, 긴 지문의 요지를 파악하고 자신의 생각을 빠르게 정리해 논리적으로 전달하는 데는 오랫동안 독서 습관을 가진 아이들이 두각을 나타냅니다.

자녀와의 관계성에 대한 후회

- 객관적으로 아이의 진도, 학습 몰입도 등을 정확하게 진단하고 판단하기 어려워 주변 또래들과 비교를 많이 했어요. 그러다 보니 부모가 스스로 조급함을 느껴 아이를 압박하고 위축하게 만든 것 같아요.
- 자녀 멘탈 관리에 어려움이 있었습니다.
- 아이의 요구를 구체적으로 얘기 나누지 못한 점이 후회됩니다.
- 미리 아이와 얘기해 의견을 통일하지 못한 것이 후회됩니다.
- 아이들과 사이가 너무 좋아서 공부하라고 밀어붙이지 못하는 점이 후회됩니다.
- 부족한 학습을 체계적으로 미리 체크해주지 못한 점이 후회됩니다. 알아서 하고 있다고 안일하게 생각한 것 같아요.
- 깊이 있는 대화가 부족했던 것 같습니다.
- 아이의 성향을 파악하지 못해서 적절한 입시 전략이나 공부 등에 신경을 써주지 못한 것이 후회됩니다. 가령, 큰 아이는 생각 외로 공부 욕심이 있고 고지식하니 공부를 좀 더 시켰으면 좋았을 걸, 둘째 아이는 친구 따라 강남 가는 스타일이라서 공부하는 친구들이 많은 고등학교에 보낼 걸이라는 생각이 듭니다.

이러한 후회를 갖지 않으려면 아이와 상시 소통하는 것이 가장 중요합니다. 그러기 위해서는 평소 부모-자녀 간의 관계가 중요합니다. 이때 부모의 대화 습관에 아이들은 큰 영향을 받습니다. 아이를 알아가는 말보다 '충고와 조언(잘 되라고 하는 말들)'들로 부모의 말이 가득 차 있으면 아이는 점점 입을 닫고, 심하면 마음까지 닫게 될 가능성이 높아지지요. 충고와 조언은 정말 아껴뒀다가 적재적소에 활용해야 합니다. 자칫 소통의 창을 닫아버리는 기폭제가 되기 쉽기 때문입니다.

하지만 현실적으로 적절한 개입이라는 것이 참 어렵지요? 개입 정도에 관한 방식은 모두 다를 수밖에 없습니다. 학부모마다 특성도 모두 다르고 아이들도 개개인이 모두 다른 존재이기 때문입니다. 학부모의 개입과 관련해서는 36쪽 '고등학생이 된 아이를 어떻게 도와주면 좋을까요?'에서 상세히 다루겠습니다.

진로 교육에 관한 후회

- ▶ 좀 더 다양한 진로 탐색의 기회를 만들어 주지 못한 게 후회됩니다.
- ▶ 공학 분야를 희망하던 아이가 전공 과목 관련한 깊은 상담을 하지 못해 다시 문과로 전향한 것이 후회됩니다. 막상 가보니 관심만 있었을 뿐 적성에 안 맞는 것 같아요.
- ▶ 진로를 빨리 정하지 못하고 수시로 갈 수 있도록 더 돕지 못한 것이 후회됩니다.
- ▶ 중학교 때 진로 탐색을 충분히 하지 못한 것이 후회됩니다.

진로 교육에 관한 후회를 하지 않으려면 평소에 아이가 스스로를 알아갈 수 있도록 경험의 기회를 제공하고 사고를 돕는 것이 가장 중요합니다.

상담을 하다 보면 자주 듣는 질문 중 하나가 바로 "진로가 정해져 있으면 학종에 유리한가요?"입니다. 간략히 말하자면 진로가 정해졌다고 해서 서류 평가에서 유리하지는 않습니다. 물론 진로가 정해져 있으면 학종 준비가 편한 건 맞습니다. 하지만 '편한 것'과 '유리한 것'은 엄연히 다릅니다. 편한 것으로 좋은 결과를 얻긴 힘들죠.

학종에 일찍부터 진로를 정했는지를 묻는 평가 요소는 없습니다. 진로를 선택하기 위해 '어떤 노력을 얼마나 했는가'가 중요하죠. 진로가 아주 구체화되어 있지 않더라도, 교육 과정 안에서 여러 교과를 학습하면서 진로를 탐색하려는 '노력'은 충분히 이뤄질 수 있습니다. 고등학교에서의 탐구 활동은 중학교 자유학기제 수준의 진로 탐색으로 그치는 게 아니라, 학업적인 탐구가 이뤄져야 합니다. 특히, 생활기록부에 구체적인 직업이 언급되지 않고도 수업 상황에서 충분히 진로와 관련된 탐구가 이루어진 기록이 있는 것이 좋습니다.

입학사정관과 입시 전문가들이 아무리 위와 같이 얘기해도 설명회에서 학부모에게 같은 질문이 많이 나옵니다. 그 이유는 '학업 역량'과 '자기주도성'이 떨어지는 아이들 때문입니다. 이 아이들은 수업 상황에서 질문을 던지면서 탐구 주제를 찾아 나가는 힘이 부족하기 때문에 구체적인 진로라도 있어야 무얼 탐구해야 할지 방향을 잡기 수월합니다. 하지만 진로에 대한 탐구활동이 깊이가 전혀 없고, 교과와 지나치게 병렬적이며, 점진적인 심화가 이루어지지 않는다면 그건 딱 '아무 활동도 안 한 것보다는 나은 정도'가 되는 것입니다. 아무 것도 안 한 학생들보다 학종에서 유리하겠지만, 아이들이 선호하는 대학에서는 그렇게 해당 전공에 관심만 보여준 정도로는 합격하기 어렵습니다. 상위권 대학에서는 진로에 대한 관심보다는 역량을 평가

하는 데 훨씬 집중합니다.

만약 아이가 객관적으로 평균적인 역량이 부족한 학생이라면 구체적인 진로 설정이 입시에서는 유리할 수 있습니다. 그러나 역량과 주도성이 있는 학생이라면, 고등학교 1학년 때는 특정 분야의 진로에 대한 관심보다는 넓은 범위의 계열 관련 '역량'을 보여주는 것에 집중하고, 고등학교 2학년 중후반부터 진학하고자 하는 분야의 다양한 학과를 염두하고 '구체화'하는 작업이 이루어져도 충분합니다. 이에 관한 부분은 2부에서 자세히 살펴보겠습니다.

선행 학습이나 학원 선택에 관한 후회

■ 긍정적 견해

- ▶ 이렇게까지 사교육을 통한 선행 학습이 중요한지 몰랐습니다. 고등학교에 들어와보니 그냥 현행으로 열심히 하는 것만으로는 부족했다는 것을 뼈저리게 느끼네요.
- ▶ 공교육에서는 표면적으로 선행 학습 금지라 하지만, 초등 고학년부터는 선행을 시작해야 대입에 유리한 것은 당연한 듯합니다. 아이와 상의하면서 학원을 다니고 학습 습관을 형성해 왔지만, 그래도 학부모로서 선행을 더 적극적으로 시켜야 했나 후회가 됩니다.
- ▶ 초, 중등 시기에 학원을 억지로라도 보낼 걸 하는 후회가 가끔 듭니다.
- ▶ 선행을 미리 하지 않은 것이 고등학교에 오니 후회가 됩니다.
- ▶ 수학, 과학 공부를 미리 시키지 않은 점이 후회됩니다. 방학 때 다음 학기를 예습하는 수준으로는 턱없이 부족함을 느낍니다.
- ▶ 선행 학습을 더 일찍 했어야 했는가에 대한 후회가 있습니다. 일반적인 중학교 교육과 고등교육 간에 차이가 많은 것 같아 보입니다.

■ 부정적 견해

- ▶ 첫 아이다 보니 고입을 앞두고 수학, 영어 선행을 최대한 많이 시키라는 주변 말에, 거기에만 너무 집착한 것 같아 후회됩니다. 모든 학습의 기본은 개념이 잡혀야 하고 그걸 활용해야 한다는 게 점점 더 느껴집니다.
- ▶ 너무 빠른 선행을 한 게 아쉽습니다.
- ▶ 중학교 때 선행 위주가 아닌, 깊이 있는 수학 공부를 시키지 못한 점이 후회됩니다.
- ▶ 좀 더 알아보고 학원에 보냈어야 했는데, 무턱대고 보낸 점이 후회됩니다.
- ▶ 초등 때 영어 교육을 제대로 체크하지 못한 점, 학원만 믿고 보낸 점이 후회됩니다.

선행 학습과 학원 선택에 관한 후회에는 긍정적 견해와 부정적 견해로 나뉩니다. 앞서 말했듯이 '후회'는 결과론적입니다. 어떤 결과여도 나름의 후회는 있을 수밖에 없습니다. 아이가 선행을 많이 안 했는데 고등학교에서 좋은 성적을 받지 못하면, 선행을 많이 안 한 것에 대한 후회가 남을 수밖에 없겠죠. 더욱이 많은 학부모들이 학원을 보내고 있기 때문에 '나만 못 해줘서 그럴까?'라고 생각을 할 수밖에 없는 현실입니다. 그런데 정말 아이가 내신 점수를 못 받은 것이 선행을 시키는 학원을 많이 보내지 않았기 때문일지 생각해 볼 필요가 있습니다. 반대로, 학원을 아무리 많이 보냈어도 결과가 안 좋은 경우도 많습니다. 이런 입장에서는 학원을 잘 못 보냈나, 따라가지도 못하는 곳을 보냈나, 본질에 집중하지 못했나 후회하죠.[1] 여기서 하고 싶은 얘기는 바로 '학원을 가는 이유의 본질'에 관한 것입니다.

---

[1] 선행 학습에 관한 논쟁과 여러 의견은 아주 복잡해 2장 '대입을 준비할 때 가장 고민되는 점들'에서 자세히 다루겠습니다.

실제로 아이들이 '공부를 열심히 하기'보다는 '공부를 열심히 하고 있는 것 같은 느낌'을 위해서 공부하는 경우가 많습니다. 예를 들면, 낮에 졸면서 수업시간에 수업 내용을 다 놓치고 내내 멍하니 있다가, 야간에 각성해 늦게까지 열심히 공부하면서 '밤늦게까지 공부하는 열심인 나'에 도취되는 것입니다. 스터디 카페에 가서 동영상 강의 5개를 듣고 왔는데 머리에 남은 건 하나도 없거나, 다이어리에 공부 계획을 세밀하게 세우고 실제로는 제대로 실천하지 못하는 것도 비슷합니다. 늦게까지 공부하거나 인강을 많이 듣는 이유는 공부를 제대로 하기 위해서일 텐데, 실제로는 공부는 제대로 되지 않고 공부하고 있다는 느낌에 도취되거나 그래도 뭔가 하고 있다는 안정감 때문에 공부를 한다는 것입니다. 물론 처음부터 그렇게 의도한 것은 아니겠지만, 혹시 아이가 자신도 모르는 사이에 그렇지는 않은지 점검할 필요가 있다는 뜻입니다.

이 이야기를 지금 하는 이유는 '학원을 보내는 목적'을 한번 생각해 보자는 의미입니다. 혹시 '부모로서 도움을 줄 방법을 잘 모르겠는데 다른 학부모들이 다 보내니까, 일단 내가 해줄 수 있는 게 이것이니까 학원부터 보내자. 보내서 후회할 건 없겠지, 적어도 학원 안 보내줬다고 원망은 안 듣겠지.'라는 생각이 마음 깊은 곳에 있었던 것은 아닐까요? 학원을 보내는 것으로 학부모로서 역할을 다했으니 후회하지 않는 것이 목적일까요? 아니면 아이가 원하는 대학에 진학하고 행복한 것이 목적일까요?

여러 종류의 후회 중에서 교사 입장으로 가장 기억에 남는 답변이 있었습니다. n수생, 재수생, 고등학교 2학년 세 아이를 둔 어느 학부모의 답변입니다.

'충분한 학습 역량을 쌓지 않고, 고등학교에 진학한 게 후회되네요.'

입시에 관한 후회

- ▶ 고등학교 입학 전에 대학 입시 전형을 미리 파악하지 못했던 점이 후회됩니다.
- ▶ 너무 많은 정보 속에 논술, 내신, 정시 모두 준비하다 보니 아이가 많이 힘들어 했던 점이 아쉽습니다. 집중과 선택에서 너무 혼란스러웠어요.
- ▶ 수시 전형에 대해 좀 더 일찍 제대로 준비하지 못한 것이 후회됩니다.
- ▶ 너무 내신에만 연연했던 것 같습니다.
- ▶ 첫째 아이라서 정보를 얻는 채널이나 방법도 잘 몰랐던 게 후회스럽고, 아이에게 도움이 되지 못한 거 같아 안타깝습니다.
- ▶ 예체능계를 준비하면서 좀 더 학습적인 부분에 최선을 다하지 못한 점이 마음에 걸립니다.

아이의 학습에는 많은 관심을 기울였는데, 정작 '입시'에는 관심을 기울이지 못해 후회하는 학부모들도 많습니다. 당장 우리가 입시 고수가 되긴 어렵지만, 아이와 함께 입시를 천천히 알아가려는 태도가 필요합니다. 입시 공부를 포기해버리고 '학교에서, 학원에서 다 알아서 챙겨주겠지.'라는 마음을 가지면 나중에 '스스로 알아보고 선택하지 못한 후회'를 하게 될 수도 있습니다.

학생과 학부모가 입시를 모르면 누군가의 지시만 따르기 쉽습니다. 부동산이든 주식 투자든 스스로 아무것도 알아보지 않고 남의 말만 듣고 따라 하는 것은 위험하지 않을까요? 아무리 해당 분야 전문가나 인정받는 사람의 말일지라도 말입니다. 그러므로 아이가 스스로 입시를 선택하는 데 도움을 줄 수 있도록 학부모가 입시를 함께 알아가려는 자세가 필요합니다. 단, 유의할 점이 있습니다. 부모가 입시를 알면 뭐가 좋을까요? 아이에게 이렇게 해라, 저렇게 해라 알려줄 수 있기 때문일까요? 입시 결과가 좀 더 잘 나올까요? 다 맞는 말이지만, 가장 큰 장점은 '입시 상황에 놓인 아이와 공감하며 소통할 수 있다'는 점입니다.

앞서 살펴본 6가지 유형의 후회들에 대해 답을 찾아 나가는 과정이 결국 아이와 함께 입시를 치르는 과정이 될 것입니다. 유형별로 문제 해결 방법을 언급했으나, <mark>공통점은 아이와의 소통과 아이에 대한 이해입니다.</mark>

고등학생이 된 아이를 어떻게 도와주면 좋을까요?

아이가 고등학교에 입학하는 순간부터 입시는 남의 얘기가 아닙니다. 아이가 알아서 잘 하리라 생각했는데 입시에 대해 알아볼수록 사실은 부족한 게 더 많다는 것을 느낍니다. 그러다가 입시 정보를 찾게 되고, 입시 설명회를 다니면서 얻은 정보를 아이에게 갑작스레 얘기합니다. 이때 아이가 '아, 이게 중요하구나. 나도 이렇게 해야겠다.'라고 생각할까요? 생각이라도 하면 다행입니다. 생각하더라도 정말 그대로 행동에 옮길까요?

'라포(rapport)'라는 용어가 있습니다. 라포는 교육 또는 상담에서 사람 간의 신뢰감, 친근감 같은 상호 신뢰 관계를 의미합니다. 교사나 상담자 입장에서는 전달하려는 내용을 효과적으로 전달하고 소통하려면 먼저 상대방과 라포가 형성되어야 한다고 주장하기도 합니다. 예를 들어, 아이가 인간적으로 좋아하고 존경하는 선생님의 수업에 더 열심히 참여하게 되는 것처럼 말이죠. 가르치는 사람 입장에서는 '어떤 내용을 전달할지 고민하는 것'만큼이나 '아이와 어떤 관계를 형성할 것인가'가 매우 중요합니다. 실제로 저에 대한 신뢰가 있는 아이들이 수업도 잘 듣고, 상담 시에도 속마음을 잘 얘기하는 편입니다.

학부모 입장에서는 마음이 급하니 입시가 어떤 것인지, 무얼 해야 하는지부터 고민하는 것은 당연합니다. 중요한 것도 맞습니다. 하지만 아이를 제대로 도와주려면 아이와의 관계가 어떠한지 먼저 살펴야 합니다. 전달하려는 이가 아이와 라포 형성이 제대로 되어 있지 않다면, 아이에게 아무리 좋은 정보를 전해도 아이는 그 정보를 적대적으로 대할 가능성이 높기 때문입니다(앞에서 언급한 '알아가기 대화'와 소통의 중요성 역시 같은 맥락입니다). 아이에게 전달할 내용을 마구마구 쌓아놓기 전에, 먼저 아이의 학습과 고민에 얼마나 어떻게 개입할지를 함께 얘기해 보세요. 물론 쉬운 일은 아닙니다.

대입 준비에 개입할수록 관계가 나빠진다?

다음 표1은 '내 아이의 학습과 입시에 학부모가 얼마나 개입하고 있나요?'라는 질문에 대한 설문 결과입니다.

[표1] 현재 아이의 학습과 입시에 얼마나 개입하고 있나요?

의견	응답 비율
일관성은 다소 떨어지지만 상황에 맞게 그때그때 개입한다.	27.9%
나름의 기준과 철학을 갖고 적절하게 개입한다.	21.2%
아이가 요청하는 경우에만 개입한다.	15.8%
중요하고 핵심적인 영역 위주로 개입한다.	15.2%
최대한 개입하는 것이 좋다.	9.1%
내가 어떻게 하고 있는지 잘 모르겠다.	4.8%
전적으로 아이에게 맡긴다.	3.6%
기타 의견	2.4%

응답 결과를 보면 나름대로 많은 학부모들이 아이의 학습과 입시에 개입하고 있는 것 같습니다. 개입을 하긴 하지만, 정도와 방식은 각양각색이라는 점에서 '부모가 개입을 얼마나, 어떻게 할지는 부모와 자녀 간에 충분한 대화와 합의가 필요하다'는 결론에 도달하게 됩니다. 그렇다면 학부모는 입시에 개입하는 방식이 일반적으로도 괜찮은 방식이라 생각하고 있을까요? '일반적으로 아이의 학습과 입시에 학부모가 얼마나 개입하는 것이 좋다고 생각하나요?'라는 질문에 대한 답도 같이 살펴봅시다.

[표2] 아이의 학습과 입시에 학부모가 얼마나 개입하는 것이 좋다고 생각하나요?

의견	응답 비율
중요하고 핵심적인 영역 위주로 개입한다.	36.4%
나름의 기준과 철학을 갖고 적절하게 개입한다.	29.7%
아이가 요청하는 경우에만 개입한다.	16.4%
일관성은 다소 떨어지지만 상황에 맞게 그때그때 개입한다.	6.7%
최대한 개입하는 것이 좋다.	4.8%
전적으로 아이에게 맡긴다.	3.6%
기타 의견	2.4%

표1과 결과가 많이 다르지요. 특히, '일관성은 다소 떨어지지만 상황에 맞게 그때그때 개입한다'가 표1에서 1위(27.9%)였는데, 표2에서는 4위(6.7%)로 떨어졌습니다. 학부모가 개입을 하고 있으면서도, 그 방식과 정도가 적절한지에 대해서는 크게 공감하고 있지 않다는 뜻입니다.

한편 다음은 '아이의 대입이 가까워지면서 아이와의 관계는 어떻게 변했나요?'라는 질문에 대한 답변입니다. 아이와 더 가까워졌다는 답변도 꽤 있었지만, 부정적인 방향으로 흘러간 경우가 더 많았습니다.

긍정적인 답변

▶ 상처를 조금씩 주고받기도 했지만 현재까진 더 친밀해진 것 같습니다.

▶ 서로 의지하며 최대한 좋은 점만 보려고 했습니다.

▶ 아이의 입장에서 생각하고, 이해하고, 공감하려 노력했습니다. 제 참을성에 정점을 찍은 한 해를 보냈네요. 힘들거나 즐거울 때나 아이를 격려하고자 간단하게 파티를 열곤 했는데, 지나고 나니 모든 날이 즐겁고 좋았던 추억으로 남았습니다.

▶ 아이가 힘들지 않도록 세심한 관찰과 배려로 최선을 다해 무리 없이 잘 지나갔습니다.

▶ 고2 말까지는 자주 다퉈서 사이가 멀어졌는데, 학습주도권을 아이에게 맡긴 고3 여름 이후부터 좀 회복되었고, 입시가 끝난 뒤로는 관계가 다시 좋아졌습니다.

▶ 정보를 찾을수록 마음은 조급했지만 믿어주는 부모가 되려고 노력했습니다.

▶ 목표한 대학과 학과들에 대한 입시 정보를 찾아보고, 아이와 이야기를 많이 나누었습니다. 중학생까지는 끌어주는 입장이었다면, 고등학생이 된 후로는 아이가 주도하고 엄마는 필요한 정보와 도움을 요청하는 일만 해주고 있습니다. 오히려 중학교 시기보다 더 사이가 좋아졌습니다.

▶ 아침 등굣길에 대화를 많이 했는데, 그때 입시 스트레스를 잊을 수 있어서 그런지 관계가 나빠지지는 않았습니다.

▶ 심적으로 약해지지 않게 응원과 격려를 많이 해주고 공감해주며 좋은 관계를 유지하고 있습니다.

부정적인 답변

- 아이가 사소한 일에도 힘들어 하고 예민해져서 서로 지쳐서 멀어졌습니다.
- 매일매일 살얼음판에다가 눈치 보는 나날들이었습니다.
- 힘들어하는 아이한테 힘을 주기보다는 더 압박하며 힘들게 한 것 같습니다. 마음은 그게 아닌데 부모의 기대에 부응하지 못하는 것을 너무 비난한 건 아닌지 후회됩니다.
- 되도록 신경을 안 건들려고 참고 참다가 스트레스가 많아져서 엄마가 앓아 누웠더니 더 이상 짜증 받아 줄 사람이 없어져서 게임이 끝나 버렸습니다.
- 서로 말을 좀 아끼다 보니 오히려 거리가 생긴 거 같습니다.
- 아이가 예민해지니 부모들은 최대한 아이한테 맞춰주는 을의 관계가 되어가는 듯합니다.
- 학업을 제외한 부분에서 많이 소통하려 했으나, 결과적으로는 일절 관여하지 않는 방향으로 정리되어 데면데면 지냈습니다.
- 학년이 올라갈수록 대학 문이 좁아지니 아이도 스트레스 받고 사이도 점점 서먹서먹해졌습니다.
- 좀 더 구체적으로 학원 숙제 등을 강요했습니다. 아이가 즐거워하는 것을 한다고 마냥 같이 즐거울 수가 없었습니다.
- 일상생활을 나누면 괜찮은데 공부나 입시에 대한 이야기를 할 때면 대화가 뚝 끊겼습니다. 얘기하고 싶지 않았나 봐요.
- 갈등 횟수가 증가했습니다.

학생에게 얼마나 개입할지에 대한 고민은 교사도 마찬가지입니다. 특히 담임 선생님은 반 아이들에게 싫은 소리, 잔소리를 해야 할 때가 많죠. 하지만 교사의 개입과 학생과의 관계는 단순히 '반비례한다' 정도의 표현으로 설명되지 않습니다. 교사가 너무 개입하지 않아도 아이들은 방임이라고 느끼기도 합니다. 교사가 학생과 반비례 관계가 아닌 적절한 관계를 맺는 소통의 노하우를 찾는 일은 수십 년의 연차가 쌓이고, 고도의 소통 전략과 태도가 몸에 베어야 가능할 정도로 어려운 일입니다. 만약 담임 선생님이 학급 아이들과 관계가 안 좋으면, 담임 선생님 입장에서도 수업 운영이 힘들어지죠. 담임 선생님도 학급 아이들과의 관계에서 1년 내내 줄타기를 하는데 학부모는 오죽할까요.

이처럼 관계에서 적당한 긴장감을 유지하는 줄타기 소통은 어려운 일이지만 불가능한 것은 아닙니다. 아이의 부족한 점만 보지 않고 강점을 파악하고 주목하는 일, 아이의 학업 수준과 마음 가짐에 맞게 적절한 수준의 목표를 제시해 성취를 경험하게 하는 일, 부모에게 도움을 청하도록 아이를 유도하여 부모가 잔소리꾼이 아닌 지원자로 서는 일, 이 모든 것이 잘 되면 중요한 입시 정보의 전달은 자연스럽게 따라옵니다. 하지만 대부분 앞의 것들은 생략하고 바로 목적에 도달하려 합니다. '부모들이 왜 아이의 눈치를 보게 되는가?'라는 의문도 결국 학부모와 자녀 사이에 개입에 대한 생각이 다르다는 사실을 인지하지 못한 채, 일방적으로 개입하기 때문이 아닐까요? 적어도 아이가 원하는 것과 정반대의 방식과 형태는 좋지 않겠지요.

여기에는 자녀의 역할도 중요합니다. 교사도 좋은 수업을 해야 하지만, 학생들도 선생님의 수업을 들으려는 자세가 갖춰져야 하는 것처럼 말입니다. 물론 그런 환경이 되도록 교사가 여러 방면으로 유도하고 노력해야 합니다. 마찬가지로 <u>자녀의 입시 지도에서 가장 중요한 점은 먼저 아이가 부모와 소통할 수 있는 환경이 갖추어지는 것입니다</u>. 그러면 최적의 입시 정보가 아이에게 자연스럽게 전달되고 아이의 역량에 맞는 최상의 결과도 자연스럽게 따라옵니다. 소통이 잘 된다는 전제 하에, 지금부터는 아이를 도와줄 수 있는 실제적인 방법 몇 가지를 소개하겠습니다.

이것도 체크하세요

둘째 아이는 첫째와 또 다를 수 있어요!

아이가 여럿인 경우, 둘째 아이에게는 첫째에게 통했던 소통 방식이 그대로 통하지 않을 수 있습니다. 그 반대일수도 있지요. '아이의 대입이 가까워지면서 아이와의 관계는 어떻게 변했나요?'라는 질문에 둘째 아이인 경우 다음과 같은 답변들이 있었습니다.

- ▶ 첫째는 서로 도움을 주고받는 사이였는데, 둘째는 도움을 불편해 해서 더 힘들었어요.
- ▶ 큰 아이는 수동적인 성향이라 학습에 개입하는 과정에서 서로 힘든 시간이 있었고, 둘째는 자존감도 높고 자기 생각이 뚜렷해 스스로 선택할 수 있도록 최소한의 것만 서로 이야기해 지켜보며 응원했습니다.
- ▶ 두 아이가 비슷한데 시간이 지나니 아이를 보는 엄마의 눈이 달라지는 것 같습니다.

간혹 학교에서 한 가정의 자매를 모두 가르치게 되는 일이 있는데, 어찌 이렇게 둘이 서로 다른지 놀라울 때가 있습니다. 첫째 아이를 통해서 배우고 느꼈던 점을 고려하여 둘째 아이에게 적용하더라도 그것이 효과적이지 않을 수 있다는 점을 기억하고, 둘째 아이도 아이 자체를 알아가겠다는 마음가짐이 필요합니다. 그 사이에 입시까지 달라졌다면 더더욱 아이에게 필요한 접근 방식이 달라지겠죠.

아이와 함께 꾸준히 입시 설명회 및 상담 다니기

'입시 설명회? 입시 상담? 학원에서 컨설팅을 받으라는 말인가? 그거 비싸다고 하던데….'

많은 학부모들이 이런 생각부터 한다는 점이 너무나 안타깝습니다. 막연히 사교육 입시 컨설팅이 좋지 않다는 의미는 아닙니다. 사교육의 관점에서 분명 필요한 얘기들이 있지요. 하지만 잘 찾아보면 공교육에서 진행하는 입시 설명회와 상담 프로그램에도 알짜 정보가 꽤 많습니다. 공교육에서 입시 설명회를 듣거나, 입시 상담을 할 수 있는 방법을 소개합니다.

■ 교내 입시 설명회

학원이나 시도교육청에서 진행하는 입시 설명회는 거시적인 관점에서 다뤄지는 게 많아서 우리 아이가 다니는 학교 상황에 맞게 고려하기 부적합한 경우들이 꽤 있습니다. 하지만 재학 중인 학교의 설명회는 그 학교의 입시 흐름을 파악하고, 주어진 환경 속에서 아이가 어떻게 나아가면 좋을지에 관한 유익한 정보를 제공합니다. 대부분의 고등학교는 자체적으로 입시 설명회를 진행합니다. 재학생들의 경향이나 환경에 맞는 정보를 제공하기도 하고, 재학 중인 학교의 졸업생 학종 데이터도 얻을 수 있습니다. 학종은 '대학-고등학교 간 케미'라는 개념이 존재하기 때문에 졸업생 데이터가 중요합니다. 교과 전형이나 수능은 정량평가 중심으로 이루어집니다. 우리 학교의 강점보다 내가 잘 하는 것을 드러내는 것이 거의 평가 전부에 가까우므로 대학이 발표하는 일반 데이터만으로도 충분히 지원 여부를 결정하거나 판단할 수 있습니다.

이때 입시 설명회에서 '우리 학교에서 어느 대학에 몇 명이 갔다'는 '입시 결과 보고회' 성격을 기대하는 것은 바람직하지 않습니다. 입시 결과 보고회의 성격을 학교에 요구하면 그 설명회는 단지 학부모들을 안심시키거나, 반대로 불안하게 하는 결과를 가져오기 십상입니다. 입시 설명회는 아이를 객관적으로 이해하고 최상의 입시 결과를 위해 준비하는 과정인데 말이죠.

고등학교에 입학하면 아이와 함께 1학년 설명회를 듣고, 여유가 되고 학교 여건이 허락된다면 2학년 설명회는 학부모만 참여하는 것도 괜찮은 방법입니다. 고등학교 3학년은 이미 입시와 관련해 많은 부분이 결정된 시점이기 때문에 가능하면 고등학교 1학년 때부터 꾸준히 입시 설명회에 참석하는 것을 추천합니다. 교내 입시 설명회 일정은 학사 일정을 참고하거나 학교 홈페이지의 작년 공고를 확인해 미리 일정을 체크하면 됩니다.

■ 교내 입시 상담

상담은 정말 중요합니다. 가장 큰 이유는 소위 생기부를 작성하는 주체가 교사이기 때문입니다. 학교에는 정말 다양한 아이들이 많이 있습니다. 그중에 말수가 적고 존재감 없이 지내는 아이들도 꽤 많습니다. 교사가 학생을 알아야 생기부를 작성하는데, 학생이 눈에 띄게 보여준 것이 많지 않으면 어떤 학생인지 잘 그려지지가 않습니다. 학생 한 명 한 명 알기 위해 아무리 교사가 노력한다 해도 아이의 잠재된 역량들까지 파악하기란 쉽지 않습니다. 그래서 상담이 필요합니다.

교사 입장에서는 아이가 어떤 경험을 통해 어떻게 성장하고 있으며, 어떤 역량이 있고, 어떤 강점이 있는지 학부모나 아이와 정보를 공유할 수 있는 기회는 상담이라고 생각합니다. 특히, 학년 말 상담에서는 학년 초에 비해 아이가 어떤 변화를 보여왔는지 꼭 이야기하는 것을 추천합니다. 아이가 교사에게 하지 않는 얘기를 부모에게 하거나 교사에게 보이지 않는 모습을 부모에게 보일 수 있기 때문입니다. 교사가 그런 정보를 알아야 교실에서 관찰했던 아이의 모습과 함께 생각하며 아이에 대한 이해를 명확히 할 수 있기 때문입니다. 특히나 기록이 가장 중요한 학종을 고려하면 '교사와의 입시 상담' 시간은 아이에 대한 정보를 주는 기회가 될 수 있습니다.

교사와 자주 상담할 수 없기 때문에 입시 상담에 앞서 상담할 내용을 충분히 준비해가는 게 좋습니다. 가령, 축구 선수를 꿈꾸는 아이가 정말 어렵게 기회를 얻어 손흥민을 만났는데 아주 기초적인 체력 훈련 방법을 물어본다면 어떨까요? 의미가 아예 없는 것은 아니겠지만 더 중요한 질문을 할 수 있는 귀한 시간이 줄어들겠죠? 그러므로 인터넷 검색을 해서 쉽게 찾을 수 있는 입시에 대한 일반적인 질문보다는 내 아이와 관련해 세부적인 입시 방향을 상담하는 것을 추천합니다. 예를 들어, 교과별 성적 외에 아이의 강점은 무엇인지, 보완할 점은 무엇인지와 같은 내용을 상담하세요. 교사 입장에서 관찰되는 강점, 약점을 학부모가 먼저 이해해야 학교 상황에 맞게 아이에게 필요한 것을 제공할 수 있기 때문입니다.

앞서 언급했듯이 학종은 졸업생 데이터가 중요하기 때문에 아이가 재학 중인 학교에서 아이의 등급, 희망 진로와 관련된 데이터를 문의해 보는 걸 강력히 추천합니다(정성평가가 없는 수시 교과 전형, 정시 수능 위주 전형은 해당하지 않습니다).

■ 시도교육청, 시도구청 입시 설명회와 상담

시도교육청, 시도구청 단위로도 입시 설명회와 상담이 많이 진행됩니다. 대체로 공교육 선생님들을 초빙하는데, 여기에 참여하는 선생님들은 정말 입시 고수이자 열정이 넘치는 분들이 많습니다.

지역 시도교육청, 시도구청의 진로진학정보센터 홈페이지에서 '입시', '진학', '설명회', '상담'이라는 키워드로 검색하면 관련 사업을 확인할 수 있습니다. 그런데 문제는 이런 정보를 상시적으로 확인하긴 어려워서 놓치는 경우가 많다는 것입니다. 그러므로 작년의 사업 일정을 확인하여 참고하는 것이 좋습니다. 또한, 해당 기관에서 운영하는 유튜브, 카카오톡 채널, 인스

타 등 SNS를 구독 또는 팔로우하면 상시로 확인할 수 있습니다(182쪽 [부록:이런 입시 정보는 어디서 얻는 걸까?]에서 입시 설명회와 상담 정보를 얻을 수 있는 곳을 상세히 정리해 두었습니다).

예를 들어, 서울시교육청의 교육연구정보원에서는 매년 각종 입시 상담과 설명회를 진행하고 있습니다. 상시 1:1 입시 상담은 전 학년을 진행하며 특별진학상담센터를 기존에는 수시, 정시 기간에 3학년 위주로 운영했으나 만족도가 높고 워낙 수요가 많아 최근에는 1, 2학년까지도 사업을 확장해 특별상담센터를 운영하기도 했습니다. 상담뿐만 아니라 각종 입시 자료나 설명회 강의 자료도 배포하고 업로드하니 참고하면 도움이 될 것입니다.

▲ 서울시교육청 입시 관련 사업

■ EBSi의 1:1 대입 상담실, 입시 설명회

EBSi에서는 무료 교과 수업(인강) 이외에도 입시 전문가 선생님들이 대입 상담실과 입시 설명회를 운영합니다. 1:1 대입 상담은 온라인 게시판 상담으로 진행됩니다. EBSi 홈페이지의 [입시정보]-[1:1 대입상담실]에서 진행 순서에 따라 질문을 올릴 수 있습니다. 실시간 쌍방향 상담이 아니라 게시판 문의형 상담인 만큼 추상적인 질문보다는 최대한 구체적이고 세밀하게 질문해서 답을 얻는 것이 유리합니다.

또한, EBSi에서는 수도권뿐만 아니라 각 지역에서도 입시 설명회를 진행합니다. 꼭 오프라인 설명회에 참석해야 하는 것은 아닙니다. 해당 입시 설명회 영상도 EBSi 홈페이지의 [입시정보]-[입시설명회]에 업로드됩니다. 특히 비수도권은 해당 지역의 대학과 더불어 '지역 인재' 전형에 대한 안내를 참고할 수 있으므로 해당 지역의 입시 설명회 영상을 보는 걸 추천합니다.

▲ EBSi 홈페이지 1:1 대입 상담실과 학생 상담 게시글

■ 각 대학 입학처에서 실시하는 입시 설명회와 상담

　대학마다 차이는 있지만 꽤 많은 대학 입학처들이 입시 설명회와 상담을 진행합니다. 각 대학의 홈페이지 게시판이나 전화로 상담을 할 수도 있고, 3학년을 대상으로 하는 여러 형태의 입시 설명회나 수시 또는 정시 기간에 맞춰 대규모 상담 신청을 받기도 합니다. 특히 수능 이후에 정시 전형을 지원한다면 지원 대학의 입학처 상담을 추천합니다. 각 대학들이 지정된 장소에서 오프라인으로 행사를 진행하거나 온라인으로 진행하는 것 이외에도, 요즘에는 고등학교에서 직접 대학 입학처와 연결해서 고등학교로 초청하여 진행하는 경우도 있습니다.

　지금까지 공교육 범위 내에서 참여할 수 있는 입시 설명회와 상담을 알아보았습니다. 이때 가능하면 학부모와 학생의 '동반 참여'를 권장합니다. 특히 입시 설명회는 더욱 그렇습니다. 왜냐하면 학부모 혼자 입시 설명회에 참여하면 '아, 놓치고 있던 게 많네. 이걸 아이한테 어떻게 전달하지? 말하면 자기가 알아서 하겠다고 할 텐데…'와 같이 생각하는 경우가 대부분이기 때문입니다. 아이가 설명회를 직접 듣지 않고 부모에게 전달만 받으면 조언이 아닌 잔소리로 들을 확률이 높습니다. 그러면 소통이 무너지겠죠.

　다소 이상적이지만 아이와 같이 입시 설명회를 듣고 소감과 향후 계획을 함께 논의해 보세요. 또한, 아이도 1학년부터 입시 설명회에 참여하면 본인의 현재 상태에 조금 더 현실감을 느끼게 됩니다. 입시 얘기에 귀가 트이면 아무래도 입시를 먼 미래의 일로 치부하지 않게 되겠죠. 물론 상황에 따라서 학부모만 또는 학생만 상담하는 게 좋을 때도 있습니다. 속 터놓고 꼭 필요한 얘기를 해야 할 때도 있으니까요.

그동안 1년에 수백 건의 동반 상담을 하면서 느낀 점이 있습니다. 동반 상담에는 크게 세 가지 유형이 있다는 점입니다.

① 주로 아이가 말하는 경우
② 주로 학부모가 말하는 경우
③ 아이와 학부모가 균형 있는 비중으로 말하는 경우

제 경험상 ② → ③ → ① 순으로 많습니다. 학부모가 주로 얘기하고 아이는 무표정으로 가만히 있다가, 교사나 학부모가 말을 걸면 그제서야 조금 입을 뗍니다. 이상적으로 좋은 상담은 ③ → ① → ② 순입니다. 학부모가 교사에게 말할 때 가장 안 좋은 경우가 아이와 논의되지 않은 이야기를 하는 것입니다. 이때 학생의 눈빛만 봐도 '아, 부모와 아이가 소통이 안 되고 있구나'라는 게 강하게 느껴집니다. ③ 유형의 상담은 '어려운 점이 있지만, 함께 의견을 잘 나누고, 서로 의지하면서 가는구나'라는 느낌을 주는 편입니다.

다시 정리하자면, 입시 상담의 핵심은 아이의 현재를 진단해 강점을 발굴하고 약점을 체크하여 방향성을 구체화하는 것입니다.

학습 조언자(촉진자)되기

초등 과정까지는 꽤 많은 학부모들이 아이에게 교과 내용을 직접 가르치기도 합니다. 하지만 학년이 올라가면서 '학교나 학원에서 알아서 해주겠지'라는 마음이 들기 마련입니다. 고등 과정에서는 학부모가 교과 내용에 대한 지식 없이도 학습 조언자(Academic Advisor 혹은 facilitator)가 될 수 있습니다. Academic Advisor라는 말은 원래 지도 교수라는 사전적 의미를 갖고 있습니다. 지도 교수는 연구생이 새로운 분야를 연구할 때, 그 내용과 지식을 직접적으로 전달하는 역할보다는 연구 과정을 점검해주는 역할에 더 비중이 큽니다. 즉, 무언가를 '알려준다'기보다는 '생각해 볼 점들을 짚어준다'는 느낌이 더 강하죠. 고등학생 학부모로서 학습 조언자가 되기 위해 아이에게 던질 수 있는 질문은 다음과 같습니다.

- ▶ 오늘 배운 내용이 뭐였어? 그 내용에서 어떤 의문을 품을 수 있었어?
- ▶ 이번 수학 캠프에 참여하고 새롭게 알게 된 것은 무엇이니? 그게 인상 깊었던 이유는? 수학은 어떤 학문인 것 같아?
- ▶ 1년 동안 화학 동아리 활동을 하면서 배우고 느낀 점들을 정리해 볼까? 느낀 점 이외에도 학문적으로 새롭게 깨달은 게 있다면?
- ▶ 그 의문을 해소하기 위해서 어떤 방식으로 탐구하는 것이 좋을까?
- ▶ 이번에 토론 동아리에서 토론했던 내용과 최근에 교과 수업 시간에 배운 내용 사이에 연계되는 점은 무엇일까?
- ▶ 지난 활동과 관련해 이를 발전하기 위해서는 앞으로 어떤 노력을 할 수 있을까?
- ▶ 오늘 배운 내용이 뭐였어? 그 내용에서 어떤 의문을 품을 수 있을까?
- ▶ 이번 수학 캠프에 참여하고 새롭게 알게 된 것은 무엇이니? 그게 인상 깊었던 이유는? 수학은 어떤 학문인 것 같아?
- ▶ 1년 동안 화학 동아리 활동을 하면서 배우고 느낀 점들을 정리해 볼까? 느낀 점 이외에도, 학문적으로 새롭게 깨달은 게 있다면?
- ▶ 그 의문을 해소하기 위해서 어떤 방식으로 탐구하는 것이 좋을까?
- ▶ 이번에 토론 동아리에서 토론했던 내용과 최근에 교과 수업 시간에 배운 내용 사이에 연계되는 점은 무엇일까?
- ▶ 지난 활동과 관련해 이를 발전하기 위해서는 앞으로 어떤 노력을 할 수 있을까?

이런 질문이 중요한 이유는 상위권 대학의 학종에서 평가하는 학업성취도(내신)가 부족할 때, 탐구력과 학습 태도가 이를 보완할 수 있기 때문입니다. 전공적합성보다 탐구를 주도적으로 계획하고, 성찰하며, 점진적으로 심화하는 것이 중요합니다.

그러나 아이들은 단순히 진로와 관련된 활동을 얼마나 많이 하는가에 초점을 맞추곤 합니다. 대부분의 아이들은 바쁜 고등학교 생활로 인해 자신의 지난 경험을 '스펙 한 줄'로 끝내 버리곤 하죠. 따라서 아이에게 질문만 잘 던져도 아이가 스스로 놓치고 있는 점이나 새로운 과제 의식을 느낄 수 있는 데 도움이 됩니다. 질문에 대한 답을 알려주지 말고 아이가 활동을 통해 배우고 느낀 점을 꼭 정리하며 새로운 의문을 품을 수 있게 해 주는 게 좋습니다.

아이와 교사와의 소통을 독려하기

학종에서는 교사와의 소통이 활발한 학생일수록 유리합니다. 아이들의 입시를 위해 관찰되지 않은 사실을 거짓으로 기록하는 교사는 없습니다. 관찰된 근거가 있어야 특기사항을 기재할 수 있기 때문입니다. 그렇기 때문에 교사와 소통이 잘 되는 학생, 다시 말해 교사가 관찰할 수 있는 부분이 많은 학생일수록 다양한 특성이 생기부에 기재될 가능성이 높습니다.

학생과 선생님과의 소통에서 '질문'이 가장 중요합니다. 여기서 말하는 질문은 '선생님, 이 문제 어떻게 풀어요?'와 같은 것이 아닙니다. 이 질문에서는 학생의 사고 과정이 전혀 드러나지 않고 교사 입장에서 아이를 바라볼 때 '문제를 풀 줄 모른다'는 사실만 관찰되죠. 조금 좋게 본다면, '모르는 걸 알아가려는 의지가 있다' 정도는 가능합니다.

그러므로 수업을 듣거나 교내 프로그램에 참여하면서 들었던 생각과 의문을 교사와 나누는 것이 중요합니다. 교사 입장에서 '이 학생은 이런 의문을 가질 수 있는 역량과 지적 호기심이 있구나'라는 점이 파악되죠. 여기서 핵심은 질문이 '탐구의 좋은 출발점'이 된다는 것입니다.

학종에서는 시키는 것만 잘하는 학생을 찾지는 않습니다. 스스로 확장하여 생각하고 탐구하는 역량이 있는 학생을 선발하고자 합니다. 하지만 주도적인 학습 태도가 교사에게 관찰되려면 교사와 끊임 없이 상호 작용을 해야만 가능합니다. 실제로 대학의 전형에서도 교사와의 소통을 강조하고 있습니다.

다음은 서울대학교가 입학처 홈페이지(https://snuarori.snu.ac.kr)에 게시한 학종 안내서에서 나오는 내용입니다. 참고하면 도움이 될 것입니다.

교사와의 소통을 강조하고 있는 대학의 전형 안내서 예시

선생님의 도움을 받아 공부해 보세요.
여러분의 학교에는 여러분을 안내하고 이끌어 줄 선생님들이 계십니다.

- 친구들과 모둠 활동을 하는데 방향을 잡기 어려워요.
- 우리끼리 해결해가는 방법이 좀 미숙한 듯한데, 전문적인 조언을 부탁드려요.
- 이 분야와 관련한 책 좀 소개해 주세요. 더 알아보고 싶어요.
- 이 분야와 관련해서 좀 더 깊이 있게 공부하려면 어떤 방법이 있을까요?
- 토론 활동을 지켜봐 주세요. 저희 생각의 흐름에 대해서 어떻게 생각하세요?
- 저희 논술 동아리 글쓰기 작품에 대한 의견 부탁드려요.
- 선생님, 저희 이런 프로젝트 하게 해 주세요.
- 과학 실험 동아리 만들었는데 지도 부탁드려요.

> 학교는 무엇보다 여러분의 배움을 통한 성장을 위해 펼쳐진 마당입니다. 이곳에서 마음껏 공부합시다. 공부의 재미와 맛에 푹 빠져봅시다. 아직 그런 맛을 잘 모르겠다고요? 그렇다면 무엇보다 먼저 선생님과 상의해보세요. 선생님들께 계속해서 묻고 도움을 청하고 때로는 귀찮아 하실 때까지 매달려보는 것은 어떨까요? 선생님과 함께 열정을 다해 공부해 온 여러분을 서울대학교가 기다립니다.

교사에게 별도로 무언가를 요청하거나 도움을 구하면, 마치 반칙을 하는 게 아닌가라고 생각하는 사람도 있는데, 전혀 그렇지 않습니다. 서울대는 학생들에게 '교사가 귀찮아 할 때까지' 매달려보라고 합니다. 이를 수업 상황에 맞게 그럴싸한 표현으로 바꿔본다면, '교사가 긴장할 때까지 질문하고 소통하라'는 의미입니다. 교사를 테스트하라는 게 아닙니다. 보통의 아이들은 수업 내용 이상으로 깊이 있는 사고를 하거나 지적 호기심이 풍성하지 못하기 때문에 교사가 안정된 마음으로 수업을 진행합니다. 반면 어떤 학생들 때문에 더 넓고 깊이 있게 수업을 준비해 가야 한다면, 교사 입장에서 그 학생들이 선명하게 기억되고 긍정적인 평가를 하게 됩니다.

따라서 가정에서도 "너 숙제 다했어?"라는 질문보다 "오늘은 선생님에게 어떤 질문을 했니?", "선생님이 어떤 것을 더 해 보면 좋겠다고 제시하신 것은 없니?", "지난 수업 시간에 했던 활동에서 확장하는 방향에 대해 선생님께서 어떤 의견을 주셨니?"와 같이 구체적인 이야기를 해 보세요. 처음엔 아이가 다소 낯설게 느낄 수 있지만 어느새 자연스러워질 겁니다. 그러면서 아이가 수업 시간 또는 학교 생활에서 교사와 상호 작용하는 것이 느껴진다면 크게 칭찬하고 독려해 주세요.

"서희 선생님은 학생들과 소통을 거의 하지 않아요."라는 얘기도 종종 들습니다. 맞습니다. 과거에는 더더욱 그랬죠. 하지만 요즘은 학종이 보편화되고, 개별화 교육이 중요하기 때문에 거의 대부분의 선생님들이 아이들과 대화하려 노력하며 선생님을 찾아오는 아이들을 기특하게 여깁니다. 가끔 문자 그대로 귀찮아 하는 선생님이 있는 것도 사실이지만, 그럴 때 아이와 함께 교사나 학교 탓을 한다면 실패의 핑계를 미리 만들어 버릴 위험이 있습니다. 다소 불만이 있어도 '위기는 곧 기회'라는 태도로 학교에 있는 다른 선생님들과 소통하는 데 집중해 보세요. 오히려 주어진 환경을 극복하고 적극성과 주도성을 기를 수 있는 기회가 될 수도 있습니다.

아이에게 필요한 진로·진학 정보 정리하기

사교육은 물론 학생을 선발하는 대학, 시도교육청, 그리고 학교에서도 좋은 진로·진학 정보를 많이 제공합니다. 대학이 제공하는 유용한 진로·진학 자료 및 프로그램 예시는 다음과 같습니다.

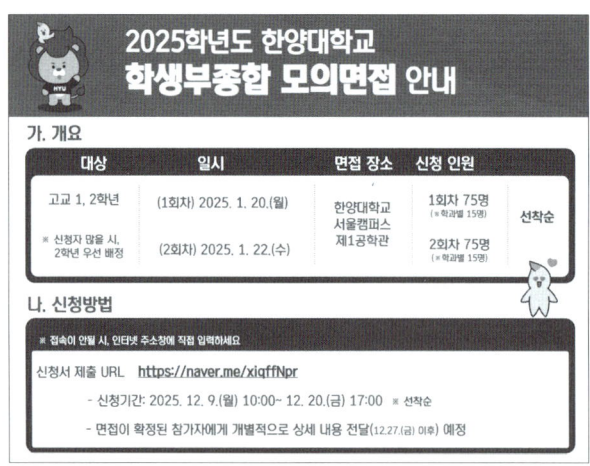

▲ 대학의 모의 면접

▲ 각종 입시 가이드북

▲ 대학별 입시 설명회

　　이런 자료와 프로그램들은 오히려 사교육 기관에서는 제공이 제한됩니다. 각 대학이 직접 입시를 설계하고 운영하면서 연구한 것들을 기반으로 제공하는 자료와 프로그램이기 때문입니다. 요즘은 '고등학교 연계 사업'이라는 타이틀로 전공 체험 행사도 많이 진행하는 편입니다. 고등학교 1, 2학년 때 이러한 전공 체험 활동을 많이 하면 전공을 이해하기 쉬울 겁니다. 그러면 교과에서 연결지을 수 있는 중요한 탐구 거리를 찾는 눈이 생깁니다. 어떤 경우에는 입시 설명회 성격의 행사와 전공 체험을 함께 진행하기도 합니다. 이런 사업은 보통 학교를 통해 공지되므로 평소에 학교 공지를 최대한 세세히 살펴보는 게 좋습니다. 또 시간을 내어 각 대학 입학처를 방문해 고등학교 연계 사업을 확인해 보는 것도 추천합니다.

교육청이나 각종 공적 협의회에서 만든 자료들을 참고하는 방법도 있습니다. 고등학교-대학, 교사 또는 연구사-사정관들 간의 교류는 아주 풍부하기 때문에 교육청 같은 각종 기관에서 만든 자료에는 유익한 정보가 꽤 많으며, 아래와 같은 것들을 모두 무료로 제공합니다.

- 각종 입시 분석 자료
- 각종 진로·진학 상담
- 학부모, 학생 입시설명회
- 입시 관련 영상

교육 과정과 선택과목 정리하기

지금, 그리고 앞으로의 학종에서 매우 중요한 요소 중 하나는 바로 교과 '선택과목'입니다. 3학년이 되어서야 본인의 선택과목을 후회하는 학생들이 생각보다 많습니다. 아이가 어떤 전공을 희망하고, 어떤 분야에 관심을 갖는지에 따라 선택과목을 정해야 하는데, 대부분 학생들은 '무슨 과목이 내신이 잘 나올까?'를 기준으로 결정하죠. 내신에 대한 부분도 당연히 고려해야 하지만, 그보다 더 중요한 것은 전공에 필요한 이수입니다. 특히, 자연계는 더욱 신경을 써야 합니다.

전공에 따른 선택과목 추천은 이미 대학들이 전공 가이드북, 학종 가이드북, 각종 입시 안내서에 모두 나와 있습니다. 전공에 대한 필요가 아니더라도 1, 2학년 때 했던 탐구에서 관심을 확장해 나가는 데 도움을 줄 만한 교과가 무엇인지 선택하는 것도 의미 있는 일입니다. 이런 과정들을 통해 희망 과목들을 구성하고, 학교에 해당 과목이 개설되어 있는지 살펴보세요. 만약 개설되어 있지 않다면 공동교육과정을 이수하는 방법을 고려하거나 다른 보완 방법을 찾아봐야 합니다(서울시교육청 고교학점제지원센터 홈페이지(https://seoulhsc.sen.go.kr)의 상단 메뉴에서 [학교 간 공동교육과정(콜라캠퍼스)] 선택).

공부와 일상의 효율을 높여주는 아이템들을 챙겨주기

'아이의 공부와 일상의 효율을 높여주는 것들이 무엇일까?' 고민하고 관찰해보는 것도 좋습니다. 태블릿, 노트북과 같이 학습이 탐구활동과 밀접한 것만 이야기하는 것이 아닙니다. 예를 들어, 머리가 아주 긴 여학생이 아침마다 머리 말리는 데만 20~30분이 걸린다면, 바람이 아주 센 고성능 드라이기를 사주는 것이 방법이겠죠. 눈이 편안한 조명이나 좋은 필기구 등 아주 작은 것이라도 좋습니다. 아이의 학습 환경, 학습 준비 환경, 수면 환경, 휴식 환경, 위생 환경 등을 점검해 보세요.

대입을 준비할 때 가장 고민되는 점들

언제부터 준비해야 할까요?

　대입의 시작은 언제부터일까요? 전문가마다 의견이 다르겠지만, 저는 '태어날 때부터'라고 생각합니다. 최대한 어린 나이부터 대입을 목표로 공부해야 한다는 뜻이 아닙니다. 우리가 아주 어릴 때부터 알게 모르게 형성되어 온 삶의 태도와 생활 습관은 학습과 진로·진학에 아주 큰 영향을 미칩니다. 즉, 성장 발달 단계마다 해야 할 일과 충족해야 할 것들이 있기 때문에 '태어날 때부터 대입의 시작이라 볼 수 있다'는 의미입니다. 교과 내용 측면에서 봐도 초등학생 때부터 대학 입시가 결정된다고 주장하는 사람도 있습니다.

　넓은 의미에서 입시에 필요한 요소들을 언제부터 갖추어야 할까 묻는다면 저도 대입의 시작은 '어린 시절부터'라고 말하고 싶습니다. 특히 상위권 대학의 대표 전형인 학종에서는 자기주도성이 중요합니다. 당장의 역량이 부족하더라도 주도성이 뛰어난 아이들은 자신이 처한 환경을 잘 극복하고, 점점 성장할 가능성이 높기 때문입니다. 그렇다고 해서 자녀가 어릴 때 자기주도적으로 클 수 있도록 돌보지 못한 것 같다거나 늦었다고 생각할 필요는 전혀 없습니다. 진짜 시작은 따로 있습니다.

대학 입학이 어떻게 이루어지는지 아는 때가 본격적인 대입의 시작이라고 정의한다면, 저는 통상 '중학교 3학년' 정도로 언급하고 싶습니다. 대학 입학이 어떻게 이루어지는지 알게 된다면 아이들이 지닌 고유한 특성에 따라 고등학교의 학습 환경이 꽤 유의미한 영향을 미치기 때문입니다. 즉, 넓게 보면 어느 고등학교를 가는지에 대한 고민이 바로 본격적인 대입의 시작이라고 할 수 있겠죠. 이와 관련해 학부모는 어떻게 생각할까요? 학부모 165명을 대상으로 설문조사를 해 보았습니다.[1]

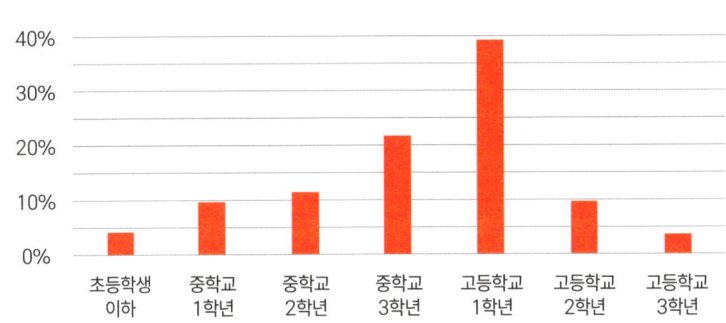

아이 대학 입시를 언제부터 본격적으로 신경 쓰신(일) 것 같나요?

'아이의 대학 입시를 언제부터 본격적으로 신경 썼는가'의 질문에 고등학교 1학년'(39.4%)이라는 대답이 가장 많았습니다. 하지만 초등학생부터 중학교 3학년까지의 누적 비율은 47.3%로 절반에 가깝습니다. 이런 자료를 해석할 때 유의할 점은, 아이의 주도성이 매우 높은 경우라면 학부모가 거의 신경을 쓰지 않고도 대입이 이뤄질 수 있기 때문에 고등학교 2, 3학년으

---

1 2024년 1~2월, 165명의 학부모를 대상으로 설문을 진행했습니다. 전국적으로 표본을 수집하기 위해 노력했지만, 주로 자사고 학부모가 대부분의 표본을 이루고 있음을 감안하고 살펴보세요.

로 답한 경우도 있을 수 있다는 점입니다. 그렇다고 해도 '고등학교 3학년' 이라고 응답한 비율이 가장 낮았습니다.

'우리 때는 안 그랬는데…'라는 생각이 들죠? 맞습니다. 수능으로 대학을 가던 시절, 즉 정시 전형의 비율이 높았던 시절에는 고3 시기가 가장 중요하다는 이미지가 강했습니다. 고3 전까지 공부로 쌓아오던 역량을 어떻게 수능에서 발현시킬 것인가가 핵심이었기 때문에 고3이 되어서야 입시를 신경 쓰는 학부모도 많았죠. 하지만 이제는 그렇지 않습니다. 자녀 교육에 대한 관심이 사회적으로 증가한 탓도 있지만, 입시 구조 자체가 고1 때부터 준비하게끔 되어 있습니다. 당장 1학년 때 내신을 망치면 입시 전략의 판도가 달라지기도 하니까요. 그래서 저도 '요즘 입시'에서는 3학년 담임, 교과 선생님들보다 1, 2학년 담임, 교과 선생님들에게 받는 영향이 더 크다고 생각합니다.[1]

학부모가 아이의 학습과 입시에 어느 정도 개입을 하는 것이 좋은지는 1장에서 다뤘던 복잡한 문제입니다. 학부모의 개입 정도와 아주 별개로 아이가 입시에 대해서 '스스로' 생각을 해 보게 하는 건 고등학교 선택을 심도 있게 고민하는 중학교 3학년 정도라고 봅니다.

대입과 비교할 정도는 아니지만 요즘에는 고입 전형도 생각보다 복잡합니다. 저도 그런데 학부모들이 어렵게 느끼는 건 당연하지요. 그래서 이 책에서는 고입에 대해서 핵심만 짚어 누구나 이해하기 쉽게 다루겠습니다(만약 자녀가 이미 고등학교에 진학했다면 고입 부분은 건너뛰어도 괜찮습니다).

---

[1] 이 말은 2028 대입 수능 개편안을 통해서도 더 힘을 얻습니다. 특히, 수능에서 사회/과학 탐구영역의 경우 기존 2, 3학년 내용으로 시험을 보았지만 1학년 내용(통합사회, 통합과학)으로 보게 되기 때문입니다.

어느 고등학교에 가야 할까요?

특목고와 영재고

고교 선택을 판단하기 가장 쉬운 사례는 특수목적고(이하 특목고로 표기), 영재학교[2]에 진학해 평균 정도를 유지할 것으로 충분히 예상되는 학생입니다. 초등학교, 중학교 때부터 해당 분야에 특출한 역량을 보이는 학생들은 그것을 빨리 인지해서 과학고, 영재고, 외국어고, 국제고 등으로 진학을 고민해 볼 만합니다. 하지만 이에 해당하는 학생 수는 전국 고등학교 학생들 중 약 4% 내외로 적은 수치입니다. 그럼에도 불구하고 특목고가 주목받는 이유는 적은 인원이지만 주요 대학의 신입생 정원의 상당 부분을 차지하고 있기 때문입니다.

2024학년도 신입생의 출신 고등학교 유형별 비율

	서울대	고려대	연세대
일반고	51.7%	59.7%	53.5%
특목고 및 영재학교	27.2%	11.1%	14.0%
자사고	14.9%	13.6%	13.7%

출처: 대학알리미

---

2 특수목적고에는 과학고, 외국어고, 국제고뿐만 아니라 예술고, 체육고, 마이스터고도 포함됩니다. 엄밀하게 따지자면 영재학교는 이 분류에 포함되지 않습니다. 하지만 마이스터고는 취업, 예술고와 체육고는 주로 예체능 실기 전형이나 관련 분야 진출이 주를 이루며, 영재학교는 과학고등학교가 전신인 경우가 많기 때문에 입시에서 일반고에 상응하는 그룹입니다. 편의상 특목고는 과학·영재고, 외국어·국제고를 지칭한다고 보면 됩니다. 일반고, 자사고 학생이 학종을 지원할 때, 경쟁군으로써 자연계 학생은 과학·영재고의 유입을, 인문계 학생은 외국어·국제고 유입을 염두에 둘 수밖에 없습니다.

앞쪽의 표에서도 확인할 수 있듯이, 전체에서는 4%에 불과하지만 최상위권 대학에서는 그보다 3~6배 되는 정도의 비율을 차지하고 있습니다. 참고로 일반고 학생의 비율은 전체 고등학생의 약 77%나 되는데, 상위권 대학 입학생 중에서 일반고 학생이 차지하는 비율이 77%를 넘는 곳을 찾기는 힘든 게 사실입니다. 다시 말해, 대학의 특정 입학 전형에서 일반고의 지원 비율과 합격 비율을 비교하면, 합격 비율이 지원 비율보다 낮다는 의미입니다. 예를 들어, 고려대학교의 대표적인 세 가지 수시 전형에 대해 고등학교 유형별 지원율과 합격률을 살펴볼까요?

2024학년도 고려대 수시 전형에서의 고등학교 유형별 지원율과 합격률

구분	학교 추천		학업 우수		계열 적합(인문)		계열 적합(자연)	
	지원율(%)	합격률(%)	지원율(%)	합격률(%)	지원율(%)	합격률(%)	지원율(%)	합격률(%)
일반고	98.4	98.0	70.3	57.8	39.9	19.5	38.0	13.7
자사고	0.9	1.2	16.8	21.8	11.6	12.4	22.7	19.1
외고 국제고	0.7	0.8	11.7	19.7	46.2	68.0	-	-
과학고 영재학교	-	-	1.0	0.7	-	-	36.5	66.7
기타	-	-	0.2	0	2.3	0.1	2.8	0.5

출처: 2025 쎈(SEN)진학 대입 수시 대학별 분석 I (서울권), 서울특별시교육청교육연구정보원

일반고는 학종인 학업우수형과 계열적합형은 고사하고, 심지어 내신 정량평가 비율이 높은 교과전형인 학교추천전형마저 합격률이 지원율보다 낮습니다. 왜 그럴까요? 실제로 고려대 수시 학교추천전형은 교과전형이지만 100% 정량평가가 아닙니다. 80% 교과 + 20% 서류 평가, 즉 생기부의 정

성적 평가가 이루어지고 수능 최저 기준이 비교적 강력하게 작용하는 것이 핵심 이유입니다.[1]

그렇다면 특목고에 진학할 수만 있다면 대입에 유리할까요? 그건 당연히 보장할 수 없습니다. 아무리 특목고라도 학생의 적성이나 흥미에 부합하지 않으면 적응하기 어렵습니다. 더군다나 특목고는 높은 학업 역량을 요구하고, 선행 학습 수준이 '그냥 진도만 뺐다'가 아니라 제대로 이해를 한, 평균적으로 높은 수준이기 때문에 준비되지 않은 학생이 특목고에 진학하면 많이 힘들 수 있습니다. 과학고 신입생의 평균만큼 선행 학습을 했다고 할지라도, 성취 수준이 그냥 학원에서 수동적으로 진도만 나간 수준이라면 적응하기 어렵다는 뜻입니다.

또한 여기서 유의할 점은 특목고 학생의 비율이 전체 고등학생 수의 4% 정도인데, 중학교에서 성적이 상위 4% 내외일지라도 특목고 진학을 반드시 권장하는 것도 아니라는 것입니다. 중학교마다도 학생들의 평균적인 역량 차이는 분명히 존재하기 때문입니다. 이를 가늠하려면 재학 중인 중학교에서 충분한 진학 상담을 통해 본인 수준에 해당하는 학생들이 어떤 유형의 고등학교에 진학했고, 거기서 현재 성취 수준이 어느 정도인지 알아볼 필요가 있습니다. 다만, 졸업생은 결국 본인이 아니라는 것도 충분히 감안해야 합니다. 특목고에서 잘 적응하려면 최소한 해당 분야의 공부를 '잘'하고 또

---

1 모든 대학에서 이런 경향을 나타내는 것은 아닙니다. 서울여대는 2024학년도 학생부종합전형에서 일반고의 비율이 지원자 중 79.8%였으나 최종 합격자는 82.8%로 오히려 지원 대비 합격률이 좋았습니다 (SWU 성과공유 컨퍼런스, 서울여자대학교 2024). 여러 이유가 복합적으로 작용했겠지만, 서울여대 서류 평가에서 일반고 2~3등급 학생들과 자사고 4~5등급 중, 일반고 학생들이 더 경쟁력 있지 않았을까 생각합니다. 자사고마다 정도의 차이는 당연히 존재하겠지만, 자사고에서 내신 2~3등급 정도의 학생들은 정시에서 서울여대 정도의 점수가 나오는 경우가 많기 때문에, 수시에서 서울여대를 바라보기 시작하는 내신이 대체로 4~5등급 내외 정도입니다. 근본적으로 이런 눈높이의 차이가 있기 때문에 나타나는 현상입니다.

'열정적으로 좋아하는' 학생이어야 함은 분명합니다.

자사고

특목고가 마치 그들만의 리그 느낌이라면, 자율형 사립 고등학교(이하 자사고로 표기)는 그나마 진입장벽이 낮게 느껴집니다. 그래서 중학생이나 중학생 학부모들의 부동의 1위 질문이 바로 '일반고와 자사고 중 어느 고등학교가 대입에 유리할까요?'입니다. 더 구체적으로는 '내신 따기 쉬워 수시 진학이 수월한 학교나 학습 여건이 좋아 정시 진학이 수월한 학교 중에 어디가 나을까요?'라고 할 수 있습니다.

대학 입시에서 수시 전형이 선발 비율도 높고, 수시에서 절대적인 지표가 되는 내신을 잘 따는 게 중요하니 당연히 전자(일반고)를 택할 것도 같지만, 많은 학생과 학부모들이 고민하는 데는 다 이유가 있습니다. 자사고 학생의 비율은 오히려 특목고보다 약간 낮습니다. 전국 고등학생 수 중 약 3% 내외를 차지합니다. 그러나 61쪽의 표에서 확인할 수 있듯이, 최상위권 대학에서 자사고 학생 수의 비율은 실제 자사고 학생 비율의 약 4~6배 정도입니다. 물론, 여기에는 전국 단위 자사고(이하 전사고[1])가 큰 역할을 톡톡히 했지만, 대부분의 광역 단위 자사고도 마찬가지 상황일 것입니다. 그렇기 때문에

---

[1] 자사고도 엄밀히 말하면 전국 단위 자사고(이하 전사고)와 광역 단위 자사고로 나뉩니다. 전사고는 용인외대부고, 하나고, 상산고 등 서울대 진학 탑 랭크에 매년 올라오는 학교들이 대부분이죠. 이들 전사고는 웬만한 특목고보다 진학 실적이 좋거나 그에 버금갑니다. 그래서 우리가 흔히 '일반고 vs 자사고'를 말할 때의 자사고는 통상적으로 광역 단위 자사고를 의미한다고 볼 수 있습니다. 그러나 자사고 중에서 '강남권 자사고'라는 말이 있을 정도로 지역마다 자사고의 의미는 다양하게 받아들여집니다. 휘문고, 세화고, 중동고 등 실제 강남권 자사고들의 입시 결과는 전사고 수준이거나 그를 뛰어넘기도 합니다. 한편, 자사고와 달리 자율형 공립고(이하 자공고)도 존재합니다. 어떤 입시 자료에서는 자사고와 자공고를 자율로 묶어 표현하기도 하는데, 많은 대학들과 입시 전문가들은 자공고를 일반고에 넣는 경우가 더 많습니다. 자사고만큼 입시 결과를 내는 자공고가 흔치 않기 때문입니다.

내신을 따는 게 어렵다고 예상되더라도 자사고를 보내는 게 좋지 않겠냐는 질문이 나오는 것이겠죠.

'일반고 vs 자사고' 이 질문에 대해서는 교사마다, 입시 컨설턴트마다 의견이 제각각 다릅니다. 이 말은 곧 '학생마다, 학교마다 상황이 다르다'라는 뜻이겠죠. 이 책에서 하려는 이야기 역시 자사고 진학 교사이자 교육청 지원단 활동으로 여러 학생과 학부모를 만난 입장에서 내놓는 의견 중 하나일 뿐, 정답은 아니니 다른 의견도 충분히 참고해 보기 바랍니다.

일단 저는 '내신 따기 쉬운 학교 vs 공부 분위기 좋은 학교' 혹은 '수시 준비하기 유리한 학교 vs 수능 준비하기 유리한 학교'라는 질문 자체가 잘못되었다고 봅니다. 이런 질문을 하는 관점과 태도는 '하나는 포기하고 다른 하나에 집중하겠다'라는 생각이 담겨있을 가능성이 높기 때문입니다.

이것도 체크하세요 | 자사고를 가고 싶어도 등록금이 고민이라면

자사고를 선택하고 싶어도 등록금이 고민인 학부모들도 많습니다. 실제 (광역 단위) 자사고의 학비는 연 평균 600~800만 원 내외이고, 일반고 등록금은 150~250만 원 내외로, 약 3~4배 차이입니다. 등록금이 교육력을 그대로 대변하는 것은 당연히 아니지만, 아무래도 이 비용을 지불하고 진학을 선택한 아이들이 모인 만큼 전반적인 분위기에서 차이가 있는 것은 부정할 수 없습니다. 더불어, 모든 자사고들이 성적, 다양한 활동, 가계곤란 등 다양한 명목으로 장학 제도를 운영하고 있으니, 자사고 진학을 고려한다면 해당 학교의 장학 제도도 함께 살펴보기를 바랍니다. 또한, 사회통합전형을 의무적으로 운영하고 있고, 이 전형으로 진학한 학생들에게 많은 혜택을 제공하고 있습니다.

특성화 고등학교

'일반고 vs 자사고'만큼 고민을 많이 하게 되는 것이 '일반고 vs 특성화고'입니다. 사실 이게 더 선택하기 어려운 상황입니다. 일반고나 자사고는 둘 다 대체로 대학 진학을 목표로 방향성이 같지만, 일반고와 특성화고는 진학과 취업으로 무게중심이 완전히 다르기 때문입니다. 특성화고는 취업을 목표로 하는 마이스터고보다는 유연하지만[1], 그래도 일반고에 비해 훨씬 취업 중심으로 교육과정이 운영되기 때문에 진로 측면에서는 어쩌면 특목고 학생들보다 더 준비되어 있어야 합니다. 뛰어난 학생들이 많은 고등학교에서 공부가 어려운 것이야 그만큼 열심히 하면 될 문제이지만, 특성화고의 경우 해당 분야의 진로에 맞지 않으면 진학한 의미 자체가 사라지기 때문입니다. 물론 대입에도 특성화고 전형이 있지만 정원이 많지 않고, 진학한 특성화고에서 대학 진학 시 도움을 받지 못할 수도 있으므로 신중하게 선택해야 합니다.

참고로 전국 특성화고 학생 수는 자사고 학생 수보다 약 4~5배 많습니다. 즉, '일반고 vs 자사고' 보다 '일반고 vs 특성화고'가 더 흔한 고민이라는 뜻입니다. 학부모는 전혀 관심이 없더라도 생각보다 많은 아이들의 입에서 '특성화고'라는 단어가 나오기도 합니다. 내 아이가 특성화고를 생각하는 느낌이 조금이라도 든다면 일반고와 특성화고를 선택하는 데 도움이 되는 질문들을 미리 충분히 생각해봐야 합니다.[2] 그리고 일단 고등학교를 선택했

---

1 마이스터고는 취업을 목표로 하는 특성이 강합니다. 고등학교 입학 후에 대학 진학의 마음이 생긴다면, 취업 후 재직자전형으로 진학할 수도 있지만, 고등학교 졸업과 동시에 대학 진학을 하는 경우는 없다고 보면 됩니다.
2 특성화고에서의 활동은 대입과 다른 얘기이므로 이 책에서는 자세히 설명하지 않겠습니다.

다면, 그 학교에서 최대한 잘할 수 있게끔 독려하는 것이 제일 좋습니다. 처음에 적응하지 못한다고 바로 자퇴나 전학을 고려하기보다는 주어진 환경 속에서 끝까지 최선을 다하는 것을 권장합니다.

1장에서도 언급했듯이 늦어도 중학교 3학년 초부터 진학하고 싶은 고등학교에 대해 관심을 가지고 찾아봐야 합니다.[3] 빠를수록 좋지 않냐는 의견도 있지만, 실제로 중학생 연령대에서 주체적으로 자기 길을 찾는 경우가 생각보다 흔하지 않습니다. 따라서 중3 초반이면 충분합니다. 단순히 인터넷 검색으로 주변 학교를 찾아보는 수준을 넘어서 중학교 1, 2학년 성적과 희망 진로를 토대로 진로 전담 선생님이나 담임 선생님과 1년 동안 간격을 두고 여러 차례 상담할 것을 추천합니다. 더욱이, '카더라'보다는 희망하는 고등학교의 입학 설명회를 직접 다녀와보는 것이 더 의미가 있습니다. 해당 고등학교 홈페이지에서 작년에 언제쯤 입학 설명회를 했는지, 신청을 받았는지 확인해 보세요.

고입 전형 절차는 생각보다 복잡합니다. 수시로 바뀌기도 하고 지역마다 세부적인 전형이 다르기도 합니다. 전형이 비교적 단순한 일반고라 하더라도 지역마다 지망 순위 등에 따른 진학 가능성이 다를 수 있습니다. 전형이 어떻게 이루어지는지는 중학교 선생님과 충분히 상담하길 바랍니다(전형 절차에 대한 세부적인 사항을 찾아볼 수 있는 곳은 182쪽 [부록: 이런 입시 정보는 어디서 얻는 걸까?]를 참고하세요).

---

[3] 특목고, 특성화고, 전사고는 중학교 1, 2학년부터 장기적으로 알아보고 대비해야 합니다. 대치동에서는 초등학교 저학년 때부터 과고, 영재고 대비를 시작하기도 합니다만, 무작정 '우리 아이도 그랬어야 했나'라고 볼 문제는 당연히 아닙니다. 하지만 일반고와 광역 단위 자사고 정도의 통상적인 수준에서는 중학교 3학년 초반부터도 충분합니다.

2028학년도 대학 입시부터 내신이 5등급제로 바뀌면 자사고와 특목고가 유리한 것 아닌가 등 논란이 많습니다. 하지만 대입 개편을 충분히 고려하더라도, 위에서 언급했던 고등학교 선택 시 생각해볼 맥락과 기준이 아주 크게 흔들리지는 않습니다. 2028학년도부터 바뀌는 대입 제도에 관해서는 3장에서 더 자세히 다루겠습니다.

수시든 정시든 하나에 올인한다는 생각이 위험한 이유

대학 입시는 수시와 정시로 나뉩니다. 일반적으로 수시 6장, 정시 3장 총 9장의 카드로 대입 원서를 낼 수 있습니다. 9장을 한 장 한 장 소중히 써도 모자랄 판에, 이 중 어느 몇 장을 포기하고 다른 하나에 몰입하는 것은 넓게 보면 고등학교 입학을 앞두고 있거나 입학한지 얼마 안 된 시점에서는 분명 문제가 됩니다.

"9장 다 합격할 필요 없고, 1장의 확률을 높이는 게 중요하니 선택과 집중을 하자는 거죠."라고 할 수 있겠지만, 그랬을 경우에 어떤 문제가 생길 수 있는지 입시와 태도 관점 모두 고려해서 대답해 보겠습니다. 물론 선택은 각자의 몫입니다.

첫째, 시작 전부터 수시, 정시 중 어느 하나를 선택하면 대입의 문이 좁아집니다. 어느 하나만으로 가는 문은 좁습니다. 상위권 대학을 기준으로[1] 수

---

[1] 전국 단위로 하면 수시, 정시 선발 비율은 8:2에 가깝습니다.

시 전형과 정시 전형의 선발 비율은 6:4 또는 7:3 정도입니다. 이게 9:1도 아니고 어느 한 쪽을 접고 시작하기에는 각각이 충분히 큰 파이를 차지하고 있습니다. 정량적으로만 봐도 그렇습니다.

<mark>둘째, 내신과 수능은 상관관계가 높습니다.</mark> 수시와 정시는 별개의 공부가 아닙니다. 고등학교 졸업생(특히 진학 실적이 좋은 고등학교의 졸업생)은 수시 공부가 정시 공부라고 말합니다. 각자 세부적인 해석의 차이는 있겠지만, 저를 포함해 대부분의 교사들도 이 부분에 강력히 공감하고 있습니다. 실제로 고등학교 졸업생 내신과 수능의 상관계수를 계산해 보면 0.7~0.8로 아주 높은 양의 상관관계가 나옵니다.[2] 쉽게 말해 수능 잘 하는 아이가 내신 성적이 좋을 가능성이 매우 높고, 내신 잘하는 아이가 수능 성적이 좋을 가능성이 매우 높다는 뜻입니다. 이는 '내신 문제가 수능형이라서'로만 설명되는 현상이 아닙니다. 학교 수업을 충실히 따라가며 분기에 한 번 있는 정기고사 때마다 폭발적으로 공부한 아이들이 수능의 기초가 탄탄하게 쌓여 있을 수밖에 없습니다. 반대로 일찌감치 수능 공부를 착실하게 해온 아이들은 막판에 가서, 특히 3학년 1학기 내신 성적이 이전보다 꽤 잘 나오기도 합니다.[3]

<mark>셋째, 내신과 수능을 둘 다 반영하는 대학들도 있습니다.</mark> 수시 전형은 내신이나 생기부로만 평가되지 않고 대학의 설계에 따라 '수능 최저 기준'이 적용되기도 합니다. 즉, 아무리 내신이 높고, 비교과에서 탐구 역량과 자기주도성이 드러난다고 하더라도 수능 최저 기준을 수능에서 충족하지 못해 불합격하는 사례도 많습니다. 이는 주로 일반고에서 더 크게 제기되는 문제

---

2 이화여고 졸업생 기준 데이터이며, 0.7~0.8은 키와 몸무게의 관계에서 나타나는 수치입니다.
3 매우 드문 경우입니다. 대부분의 아이들은 내신, 수행평가, 비교과 활동, 친구 등으로 직접적인 수능 공부는 뒷전인 채 고등학교 초중반을 보냅니다.

점입니다. 물론 수능 최저 기준이 없는 수시 전형도 있지만, 그것만 노리기에는 대입 문이 좁을 수밖에 없습니다. 내신을 정량적으로 평가하는 교과전형의 경우에 수능 최저 기준이 없으면 통상적으로 더 높은 내신 입시 결과가 형성됩니다.

수능 최저 기준은 수시에서 수능 성적을 간접적으로 반영하는 방법이라고 할 수 있지만, 더욱 중요한 것은 이제 둘 다 직접적으로 반영하는 전형이 생겼다는 점입니다. 대표적으로 서울대, 고려대 정시가 그렇습니다. 정시는 보통 수능 100%로 정량적으로 줄을 세워 평가하는 전형입니다. 그런데 서울대를 시작으로 고려대, 연세대, 한양대, 성균관대(일부), 부산대(일부)가 정시에서 학교생활기록부(내신 또는 비교과)를 일정 부분 반영하기 시작했고, 각 대학별로 이런 기조는 확산될 가능성이 높습니다. 다른 대학들도 우수한 학생을 뽑고 싶다는 관점으로만 접근한다면, 위 대학들의 정시 선발 방식을 어느 정도 고려하고 있다는 뜻이죠. 다만, 대학의 재정이나 인력, 투자 대비 효과 등 효율성의 문제를 언급하는 시각도 있습니다. 그러나 2023년 12월 교육부가 심화수학이 2028학년도 수능에서 제외된다고 발표했기 때문에, 정시에서의 교과평가 기조는 '지금보다는' 확대될 가능성이 높아졌다는 것이 대다수 전문가들의 전망입니다.[1]

한편, 내신을 정량적으로 평가하는 교과전형에서 생기부 전체 혹은 부분을 정성적으로 평가하는 내용을 일정 부분 전형에 포함시키는 것은 이미 꽤

---

[1] 2028 대입에서 미적분Ⅱ, 기하로 이루어진 심화수학을 수능에서 배제한다는 교육부 발표에 따라 현재 많은 전문가들이 수학 교육의 질적 하락을 염려하고 있습니다. 이 경우 대학의 자연계열 모집 단위에서는 당연히 자연계열 대학 수업의 가장 기초가 되는 심화수학 내용을 교과, 즉, 학교 내신 수업으로 듣기를 바랄 것입니다. 즉, 정시에서도 교과 내신, 선택과목, 교과별 세특 같은 평가를 하려고 할 것입니다. 이와 관련해 86쪽에서 자세히 다루겠습니다.

보편화가 되었습니다. 고려대, 성균관대, 경희대, 건국대, 동국대 등이 그렇고, 기조 또한 2028 대입에서 축소보다는 유지 또는 확장될 가능성이 더 높은 편입니다. 이처럼 내신만 잘 받는다고 모든 게 다 해결되는 것이 아닐 수도 있기 때문에 '내신 따기 쉬운 학교에 가서 수시로 대학 간다'라는 논리는 한계가 있습니다.

<u>넷째, 포기의 함정이 생깁니다.</u> 시작하기 전부터 하나에만 집중한다는 전략은 생각과 태도, 생활 습관에도 영향을 미칩니다. 여기서 학부모들은 '포기의 함정'을 꼭 알아야 합니다. 포기의 함정이란 100%에서 20%를 포기하면 남은 80%에 끝까지 몰입하는 것이 아니라, 시간이 지나면 그 80%에서 또 20% 내지 16%를 포기해 64%가 남게 된다는 의미입니다. 더 시간이 지나면 남은 64%에서 포기할 만한 게 있는지 찾곤 합니다. '선택과 집중의 논리'를 한 번만 쓰지 않고 여러 번 쓴다는 것입니다. 이게 현실적인 학생들의 습성입니다.

물론 아이에게 부정적인 기대감을 가지라는 얘기가 아닙니다. 우리 아이가 80%에 집중할 것이라 믿는 것이 20%를 포기한 시점에서는 중요하겠지만, 시작도 전에 '포기의 맛'에 중독될 위험에 빠트릴 필요가 없다는 뜻입니다. 이건 입시의 문제를 넘어 삶의 태도에 관한 문제로까지 이어진다고 생각합니다. 실제로 '선택과 집중의 논리'에 과도하게 몰입된 아이들은 때로 친구 관계, 진로 선택, 건강 같은 학교 생활의 다양한 영역에서 그 논리를 펼치기도 합니다. 학창 시절부터 어느 것을 포기하는 게 인생을 사는 데 수월할지를 배우기보다는, 어떤 것이든 열심히 적극적으로 부딪히고 노력하는 태도를 배우는 게 훨씬 좋지 않을까요?

<u>다섯째, 열심히 해야 한다는 본질에서 벗어나 결과 예측에만 매몰될 수</u>

있습니다. 내신을 위해 일반고에 갔는데 막상 내신이 안 나온다고 해봅시다. 중학교 때와는 다르게 고등학교 내신에 취약할 수도 있고, 자신처럼 내신 독식을 위해 온 최상위권 학생이 유독 그 해에 많을 수도 있는 노릇이죠. 반대로 수능을 위해 정시 실적이 좋은 자사고에 갔는데 막상 수능 성적이 안 나올 수 있습니다. 학교가 나의 수능 실력을 키워 주길 바랐던 것인데, 그냥 그 학교를 다니는 아이들이 우수한 덕분일 경우도 있습니다. 어디를 가냐 고민하는 것이 아무 의미가 없는 것은 아니지만, 그보다 더 중요한 것은 어디를 가더라도 잘 적응하기 위해서는 강하게 단련해야 한다는 점입니다. 주식으로 비유하자면 어떤 종목이 오를까 고민하는 것보다(아예 의미가 없다는 말이 아닙니다), 수많은 변수에 의해 예측이 어렵다는 사실을 알아야 하고, 원금을 잘 모으는 것이 훨씬 더 중요한 것과 같습니다.

여섯째, 고등학교 선택 과정에서 이미 아이에게 부정적 인식이 자리잡을 수 있습니다. '일반고는 내신 vs 자사고는 수능'이라는 이분법적 구도로 고민하는 것 자체가, 자칫 처음 의도와 다르게 잘못된 방향으로 와전되어 '우리 아이는 둘 다는 못 할 것이다'라는 메시지가 아이에게 전달될 수 있습니다. 아이는 '우리 부모님은 나에 대한 믿음이 이 정도구나'로 받아들일 수 있지요. 설령 그 말이 맞는 말이라 해도, 부정적 인식은 여로모로 아이의 학습 과정에 도움이 되지 않습니다.

지금까지 '수시, 정시를 이분법적으로 나누어 어느 하나에 몰입한다'라는 생각의 한계를 여섯 가지 이유로 설명했습니다. 저는 일반적으로 수시, 정시 입시 결과가 둘 다 좋은 학교를 추천하고 싶습니다. 따라서 만약 학부모가 고등학교 선택 시 해당 고등학교의 진학 실적을 선택 기준 중 하나로 활용한다면, '수시와 정시의 입시 결과가 둘 다 높은지, 둘 다 고른지' 등을 살펴볼 필요가 있다고 생각합니다. 조금 더 자세한 팁을 예를 들어 설명하자면, 서울대[1]는 수시나 정시뿐만 아니라 수시 전형 안에서도 각 전형의 결과를 비교해 보길 추천합니다. 서울대 수시 전형에는 크게 지역균형, 일반전형 2개의 학종이 있는데 지원하려는 고등학교가 이 둘 모두로 진학하는지 살펴보라는 의미입니다. 지역균형은 주로 일반고 주력 전형이고 일반전형은 특목고, 전국 단위 자사고 주력 전형인데 두 전형 모두 성과가 좋은 학교는 둘의 장점을 고르게 갖고 있다는 의미로 해석할 수도 있겠지요.

고입에서는 이런 것들을 챙겨주세요

고입에서 학부모는 어떤 역할을 해야 할지 잠깐 살펴볼까요?

첫째, 아이에게 질문하기보다 아이가 학습에 집중할 수 있게 해 주세요. 아이가 '좋은 선택'을 하는 것에 지나치게 매몰되지 않아야 합니다. '좋은 선택이란 건 없을 수 있다. 선택한 것을 좋은 선택으로 만들어 나가는 노력이 중요하다'라는 방향으로 아이를 지도하는 게 좋습니다. 그런 자세로 살아가는 학생들이 수시든 정시든 결과가 좋을 가능성이 높습니다. 본질에 집중하지 않고, 쉬운 길만 찾게 된다면 설령 본인에게 딱 맞는 고등학교에 진학했다고 하더라도, 성적이 안 나오면 공부를 더 꾸준히 할 생각보다 단기적으로 성적을 올릴 요령만 찾게 될 수도 있으니까요.

다시 돌아가서, 우리가 고등학교 선택을 고민하는 이유가 무엇인가요? 물론 인생의 중요한 시기에 많은 것을 배우고 성장하는 의미도 당연히 크지만, 결국 대학을 잘 진학하기 위해서 아닌가요? 수시, 정시를 넘어 입시 과정에서 학생은 끊임없이 선택의 기로에 놓입니다. 어떤 선택이든 좋은 선택으로 만들어 나가려고 적극적으로 노력하는 자세와 가치관을 만들어 주세요.

---

[1] 서울대를 언급한 이유는 전형의 특성도 있지만, 고등학교별로 서울대 진학 결과 자료가 통상 많이 돌아다니므로 예를 들어 설명하기 쉽기 때문입니다. 하지만 요즘은 서울대보다 의약학계열이 상위권의 지표가 된다는 점도 알아둘 필요가 있습니다. 참고로, 서울대 지역균형전형은 학교당 한 해에 2명만 학교장 추천으로 지원할 수 있습니다.

둘째, 졸업생 추이를 살펴보세요. 중학교 진로 전담교사나 담임 선생님들과 끊임없이 소통하는 것이 좋습니다. 해당 중학교에서 어떤 수준과 모습의 학생들이 (지역의)어떤 고등학교로 몇 명이 진학해서 어떤 결과들을 내고 있는지는 학교 안에 있는 사람들이 가장 잘 압니다. 인터넷에서 "중학교에서 OO점, 자사고 가도 괜찮을까요?"라고 일반적으로 질문하면 답변에서 지역과 개인의 특수성도 고려하지 못할 수 있습니다. 가령 전주에서 부동산 거래를 하려는데, 서울 지역 부동산에 '아파트값 전망이 어떻게 될까요?'라고 알아보는 격이죠. 중학교 내신과 고등학교 내신 산출 방식의 차이 등 다양한 고려 사항이 있기 때문에 '중학교에서 OO점 자사고 가도 괜찮을까요?'라는 질문에 정확하고 올바른 대답을 얻기는 어렵습니다. 더욱이 2028학년도 대입(25학년도 고등학교 1학년)부터는 고등학교 내신 산출 방식도 크게 달라지기 때문에 중학교 내신을 기반해 고등학교 내신을 예측하는 것은 더욱 까다로워질 것입니다.

셋째, 좋은 질문을 통해 좋은 답이 나오도록 유도하세요. 질문에도 여러 종류가 있지만, 가급적 양질의 질문을 하는 게 좋겠지요. 다음은 고등학교를 선택할 때 참고할 만한 질문 리스트입니다.

- 고등학교 공부는 중학교 공부와 어떤 게 달라질까? 어떤 부분은 비슷할까?
- 해당 고등학교에 OO이가 흥미를 가질 활동이 뭐가 있을까?
- 해당 고등학교에 OO이의 진로와 관련해 어떤 선택과목이 개설되어 있을까?
- OO이는 발표하고 토론하면서 공부하는 게 좋아, 문제 풀면서 공부하는 게 좋아? 왜 그렇게 생각해?
- 친구를 따라 같은 고등학교에 진학하면 좋을까? 그러면 대입이 보장될까? 다른 고등학교에 가서 새 친구를 만들 수는 없을까? 어떻게 하면 새로운 친구들을 사귈 수 있을까?
- 여고, 남고, 공학은 어떤 점이 다를까?
- 정시는 이런 전형이고, 수시 교과, 학종, 논술은 이런 전형인데 중학교 때 OO이의 모습을 생각하면 어떤 게 가장 잘 맞는 것 같아? 중학교 때 OO이가 칭찬 많이 받았던 점은 무엇일까?
- OO이의 장점을 잘 키워줄 수 있는 학교는 어떤 학교라고 생각해?

> ▶ 어떤 부분을 기대하고 A고에 진학했는데 기대와 다른 부분이 있다면 어떻게 할까?
> ▶ 이 부분이 취약한 B고를 진학했을 때, 아쉬운 점을 보완하려면 어떻게 준비를 해야 하고 고등학교 생활을 어떻게 해야 할까?

선행 학습은 어디까지, 얼마나 해야 하나요?

아이마다 선행 학습의 수준이나 속도는 천차만별입니다. 일반적인 학습 단계보다 극단적으로 앞서 학습하는 곳은 역시 서울의 강남이겠죠. 대치동 일대에서는 초등학교 2학년 때부터 과학고, 영재고를 목표로 장기적인 플랜을 세우고, 이를 준비하는 학원에 들어가기 위해 레벨 테스트를 보기도 합니다. 이 레벨 테스트 날이면 대치동 학원가 일대는 수능 고사장보다 더 붐비는 광경이 연출됩니다. 아이가 초등학교 고학년이 되어 학원가에 문을 두들기면, 어떤 상담자들은 "왜 아이를 방치하셨어요?"라는 죄책감이 들 법한 말로 상담을 시작하기도 합니다. 이런 학원에서는 초등학교 때 중학 수학을, 중학교 때 고등학교 수학을 떼는 것을 목표로 합니다. 여기서의 '뗀다'는 의미는 아이가 단순히 풀이만 답습한 수준이 될 수도 있고, 정말 개념을 이해한 수준일 수도 있습니다.

이보다 더 어린 나이에는 빠른 선행을 위해 즉, 수학 선행을 위한 문해력 기초 학습을 시키기도 합니다. 말 그대로 시킵니다. 영어 유치원도 갈지 말지를 고민하는 것이 아니라 2~3개의 영어 유치원을 등록해 놓고 한두 차례 다녀보면서 최적의 영어 유치원을 골라 가는 경우도 있습니다.

이는 물론 보편적인 현상은 아닙니다. 다만, 언론이나 여러 매체에서 이러한 실태를 집중적으로 조명하고 있기에 그렇게 느껴지는 것이죠. 대다수의 아이들은 방학 때 바로 다음 학년, 다음 학기 내용을 공부하는 정도의 선행 학습을 하죠. 초등학교 저학년 때부터 아주 빨리 선행한, 소위 '초등 의대반' 아이들 중에 개념을 제대로 익히고 건강하게 성장한 일부 아이들이 명문고에 진학합니다. 물론 주요 과학고, 영재고에도 이들보다 늦게 선행 학습을 시작해서 온 아이들도 있지만, 어릴 때부터 단련되고 경쟁에서 살아남는 아이들이 더 많습니다. 그래서 다수의 학원에서 특목고를 목표로 선행을 전제한 수업을 진행하기도 합니다.

중요한 것은 이런 상황에서 '명문고에 진학한 아이들은 대부분이 어릴 때부터 선행을 했던 아이들이다'와 '어릴 때부터 선행을 한 아이들이 명문고에 진학한다'는 두 문장을 구별할 필요가 있다는 것입니다. 학부모들은 여러 사교육 현장에서 후자 즉, '선행을 시켜서 명문고에 보내자'에 매몰되기 쉽습니다. "우리 학교 전교 1등이 고등학교 3학년 수준의 미적분까지 선행했다는데?"라는 말도 사실은 '미적분까지 선행을 해서 전교 1등이 된 것'이기보다 '1등의 역량이 되는 아이라 미적분까지 선행한 것'에 더 가까운 것이죠.

현실은 어떨까요? 교육 현장에는 제 학년의 내용도 못 따라가는 아이들이 많습니다. 그래서 시도교육청 차원에서 기초학력보장에 관한 시스템을 매년 보강하고 있는 실정입니다. 심지어는 선행이 아니라 역행하는 경우도 많습니다. EBS와 이투스의 수학 강사인 정승제 선생님의 말에 따르면, 고등학교 수학에서 '중학 수학 총정리'와 같은 강의가 매우 인기라고 합니다. 실제로 고등학교 현장에서 중학교 도형을 잘 몰라서 다시 정리해주는 경우가 많습니다. 이 말은 중학교 수학이 탄탄하지 않은 채 일단 고등학교 수학을 먼저 하고 보는 식이 많다는 얘기이기도 합니다.

공부에서 선행 학습과 깊이 있는 학습 중 무엇이 더 중요할까요? 무엇이 더 본질일까요? 대다수의 교육자들은 공부의 깊이가 더 중요하다고 생각할 겁니다. 민감한 문제를 말로 표현할지 말지의 차이겠지요. 이러한 맥락에서 "우리 아이는 어디까지 선행해야 할까요?"라는 질문보다 "어떻게 공부하면 교과 역량이 길러질까요?"가 이 시대에 더 필요한 질문이 아닐까 생각합니다. 제 결론은 '적절하게 활용하자'입니다. 선행이 우리 아이에게 도움이 될지 아닐지를 판단하려면 아래 일곱 가지 질문을 참고해 보기 바랍니다.

첫째, 아이에 대한 이해가 먼저 되어 있나요?

만약 아이를 데리고 처음으로 스키장에 가서 강습을 받는다고 가정해 볼까요? 스키를 진로로 하는 아이가 아닌 이상, 아이를 바로 경사도가 높은 고급 코스로 보내거나, 하루 이틀 만에 바로 그 코스로 가는 강습 과정을 강사에게 요청하진 않습니다. 안전이 염려되는 것은 물론이고, 스키에 대한 흥미도 잃어버릴 수 있으니까요. 설령 금방 고급 코스를 내려오더라도 바른 자세로 타지 않고 꾸역꾸역 힘들게 내려 올 수 있습니다. 이런 상황에서는 아이에게 성취 가능한 수준을 적절히 제시하면서, 아이가 어려워하거나 너무 쉽게 여기면 그에 맞게 수준을 조절해 나가는 게 좋다는 판단은 누구나 할 것입니다. 스키장에는 이미 스키를 더 잘 타는 아이들이 많고, 다른 아이들이 고급 코스를 더 잘 내려온다고 조급한 부모님은 없을 것입니다. '내 아이가 어떤 상태'인지 정확히 알고 있기 때문이죠. 학부모의 시선이 스키장의 다른 아이가 아니라, 내 아이에게 맞춰져 있는 것입니다. 그러나 스키가 아닌, 교과 공부에서는 우리 아이가 아닌 '다른 아이'에게 시선이 가 있는 것이 현실입니다.

선행 학습이 적절하게, 그리고 효과적으로 이루어지려면 내 아이를 이해하는 것이 시작이자 학습 과정 속에서 이루어져야 할 핵심입니다.[1] 물론 선행 학습을 유도하는 선생님과의 소통에 과도하게 의존해도 안 되겠지요. 사교육 입장에서는 수요자의 기대에 어긋나는 방향으로 얘기하기가 쉽지 않기 때문입니다. 그렇기 때문에 학원에 돈을 주고 맡길 것이 아니라, 선행 학습 과정에서 아이와 지속적으로 소통하면서 어떤 상태인지 객관적으로 이해하는 것이 가장 중요합니다. 이는 단순히 선행 학습 과정을 잘 따라가는지에 대한 것뿐만 아니라 개념과 내용 이해, 문제풀이 수준 등에 관한 인지적 영역은 물론 흥미, 자신감, 교과에 대한 인식과 가치관 등에 관한 정의적 영역도 포함합니다. 다시 말해, 겨우 겨우 내용을 잘 이해했더라도, 그 교과에 대한 흥미가 뚝 떨어진다면 장기적으로는 오히려 악영향을 줄 수 있습니다. 그러므로 아이의 상황을 이해한 다음 선행 학습의 정도와 내용, 방법을 정하는 것이 가장 좋습니다.

둘째, 선행 학습 선택은 누가, 어떻게 해야 할까요?

선행 학습을 할 것인지에 대한 선택도 아이와 함께 해 보세요. 특히 학년이 올라갈수록 더욱 그렇습니다. 다른 곳에서 이야기를 듣고 와서 선행 학습을 하도록 아이를 설득하는 학부모들이 많을 것입니다. 하지만 왜 선행

---

[1] 이는 강사 입장에서도 마찬가지입니다. 보편적인 선행 학습 수준을 무조건 끼워 맞추는 것이 아니라, 아이들에게 최적화된 과정을 제시하는 것이 중요합니다. 그래서 아이가 어떤 상태인지에 대해 선생님과 지속적으로 소통하는 것이 중요합니다.

학습을 해야 하는지, 어떤 부분에서 선행 학습이 필요한지 아이가 스스로 판단할 수 있어야, 적어도 납득할 수 있어야 합니다. '안 하면 힘들어진다. 못 따라 갈 거야' 같은 부정형 설득보다는, 아이의 자기주도성과 성취 욕구를 자극해 긍정형 판단을 내릴 수 있도록 하는 것이 가장 이상적입니다. 오로지 지시형으로만 이루어지는 선행 학습은 당장은 효과적일지 몰라도 장기적으로는 깊은 학습, 자기주도성 계발, 학습 흥미, 부모와의 관계에 부정적인 영향을 미칠 수 있습니다. 특히 아이가 선행 학습에 의지가 없다면 잘하는 과목부터 더 다양하고 깊이 있게 학습하여 전반적인 성취 욕구를 갖도록 이끌어 주는 게 중요합니다.

셋째, 성과가 아닌 역량을 먼저 선행하고 있나요?

학원 입장에서는 당연히 학부모의 만족을 위해 성과를 보여주어야 합니다. 여기서 눈에 잘 드러나기 쉬운 성과는 크게 두 가지입니다. 첫째는 물론 성적입니다. 그러나 통계를 보면 성적은 잘 변하지 않는 경우가 더 많습니다. 그렇기 때문에 학원 입장에서는 학생의 성적을 올리는 것을 유일한 목표로 두면 살아남기 어렵겠지요. 성적이 오르지 않는 아이들을 계속 붙잡을 수 없으니까요. 그래서 학원 입장에서는 두 번째 성과인 진도를 핵심 목표로 잡게 됩니다. 중학생인데 고등학교 수학 문제집을 풀고 있으면 학부모 입장에서 '무엇이라도 했구나' 안심하겠죠.

그런데 여기서 우리는 '진도를 뺀다'의 의미를 생각해봐야 합니다. 문제집을 좀 더 풀었다고 해서, 맞힌 문제 개수가 꽤 있다고 해서 정말 의미 있는 학습이라 할 수 있을까요? 예를 들어, 스마트폰 사용이 어려운 어르신이 스마트폰으로 영화 예매를 하고 싶다고 방법을 알려 달라고 하십니다. 영화 예매 방법을 차근차근 알려드려서 겨우 순서를 익혔습니다. 그런데 만약 그 앱이 업데이트가 돼서 화면 구성이 바뀌면 어떻게 될까요? 사람마다 다르겠지만, 아마 다시 새로 배워야 할 것입니다.

마찬가지로, 아이가 문제 푸는 방법을 단순히 답습해서 움직인 것이지, 정말 수학적 사고의 과정을 몸에 익힌 것인지 구별할 필요가 있습니다. 다른 관점이나 수준의 문제가 제시되더라도 스스로 해결할 수 있는 수준이어야 더욱 더 의미 있는 선행이겠지요. 단순히 진도를 나가는 것 이상으로 역량을 성장시키는 것이 중요합니다.

넷째, 자기주도성을 훈련하고 있나요?

학종에서는 당연히 각 교과 역량이 가장 중요하지만, 비교과 역량으로서 자기주도성도 매우 중요합니다. 자기주도성이 강한 아이가 부족한 내신을 비교과로 보완하고 학종에서 좋은 결과를 내기 때문이죠. 선행 학습 상황에서 아이가 얼마나 주도성을 발휘하고 있으며 어떻게 기를 수 있는지 점검이 필요합니다. 교과 역량은 높은데 자기주도성이 떨어진다면, 장기적으로 봤을 때 부정적인 방향으로 흘러갈 수 있습니다.

그렇다면 자기주도성은 어떻게 길러질까요? 한 가지로 정의하기 어렵지만, 핵심은 아이에게 현재 수준에 맞는 적절한 과제를 통해 얻는 성취감에서 기인한다는 것입니다. 예를 들어, 어떤 영어 문법을 배웠다고 합시다. 또 다른 새로운 영어 문법들을 계속 더 찾아 공부하게 하는 것보다 배운 문법을 활용한 문장을 구성하고 표현해보는 것이 더 성취 가능성이 높고 성취감도 높아지겠지요. 내용뿐만 아니라 태도의 관점에서도 중요합니다. 만약 주말에 늦게까지 자는 아이에게 아침 일찍 일어나서 공부하자는 계획을 세우게 하는 것보다, '아침 일찍 일어나기'라는 목표를 세우고 이를 달성하게 하는 것이 중요합니다. 또한, 과학 실험 설계를 해낸 기특한 아이에게 과학 박물관에 가서 이뤄지는 실험들을 살펴보고 본인의 실험에 적용할 수 있는 것을 찾아보게 할 수도 있습니다. 이런 것들이 바로 학종에서 평가하는 중요한 태도이자 행동 양식입니다.

다섯째, 진로도 선행하고 있나요?

교과 선행만 신경 쓰면 끝일까요? 그렇지 않습니다. 진로도 선행이 필요합니다. 더 정확히 말하면, 우리가 교과 선행만 하느라 아이의 진로 적성 발달을 간과해서는 안 된다는 의미이자 '진로 역량 계발을 제대로 하자'는 뜻입니다. 어릴 때부터 희망직업을 정하라는 말이 아닙니다. 아이가 미래 사회의 변화를 이해하고, 자신에 대한 이해를 토대로 필요한 역량을 키우기 위해 어떤 목표를 세우고 노력을 할 수 있는지를 생각하고 행동할 수 있는 힘을 기르자는 의미입니다. 이를 관통하는 개념이 바로 학종의 '진로 역량'입니다. 진로 역량이 좋은 아이는 시켜서 움직이지 않고 알아서 움직입니다.

교육적 의미를 배제하고 우선 입시에 필요한 역량이라고 한정하더라도 진로에 대한 고민과 경험은 중요합니다. 고등학교에 진학하면 '본인의 희망 진로와 관련하여~'라는 전제가 깔리는 활동이 많기 때문이죠. 실제로, 3월에 고등학교 1학년으로 입학하자마자 동아리를 선택하는 상황에 놓입니다.[1]

한편, 이와 관련해 실시한 설문 중 '아이의 대입, 학습과 관련해 후회가

---

1 동아리가 입시를 결정짓는 것은 당연히 아니지만, 생기부 기재 영역이 축소된 만큼 동아리 활동을 통해서도 학종을 준비해나가는 부분이 커졌습니다.

남는 점은 무엇인가요?'이라는 질문에 대한 어느 학부모님의 답변이 기억에 남습니다.

"학습 계획이 틀어졌거나 시험 결과가 만족스럽지 않을 때, 스스로 대책을 세울 수 있는 탄력성을 기르도록 유도하지 못한 것이 아쉽습니다."

실제로, 고등학교에서 아이들이 학업 중 엄청난 시행착오를 겪고, 많이 흔들립니다. 정신적인 회복탄력성뿐만 아니라, 메타인지를 토대로 학습 상황을 어떻게 개선해 나갈지 설계하고 실천하는 능력은 고등학교 생활에서 너무나 중요합니다. '중학교 내신이 중요하다'라고 말하는 사람들의 핵심 근거가 바로 이것이죠.

중학교 내신이 대입에 직접 반영되지 않지만, 그럼에도 불구하고 의미를 갖는 이유는 중학교 때 치열하게 공부해 보고, 거기서 좌절을 경험하고 또 극복해 본 학생들이 고등학교에서도 마주할 수 있는 좌절을 딛고 잘 성장한다는 논리입니다. ==선행 학습 과정에서 내용을 이해하는 것만큼이나 중요한 것은, 학습 결과를 마주하는 태도와 단련된 정신력==이 아닐까요? 그래서 아이의 회복탄력성과 메타인지력은 중요한 진로 역량 중 하나라고 생각합니다.

여섯째, 교과별 특성을 이해했나요?

중고등학교에는 다양한 교과가 있고 모든 교과가 같은 방식으로 접근하지 않습니다. 수학, 과학은 진도의 개념이 국어, 영어에 비해 강한 교과이기 때문에 선행 학습을 할 때 진도를 고려할 수밖에 없습니다. 선행 학습을 하려는 교과의 특성을 미리 공부하고 전문가의 이야기를 들어보는 자세가 필요합니다. 그리고 이 과정이 선행 학습의 중요한 목표 중 하나가 되어야 합니다.

많은 아이들이 고등학교 3학년이 되어서도 "OO 과목은 어떻게 공부해야 하나요?"라는 질문을 많이 합니다. 해당 교과의 특성을 이해하지 못해 고3 때도 이런 질문이 나오는 것이죠. 교과에 대한 이해가 무엇인지 아는 학생이 결국 공부를 깊이 있게 잘 해낼 수 있습니다.

2028 대입 수능에서 과학과 사회 과목의 출제 범위는 고등학교 1학년 때 배우는 통합과학, 통합사회가 해당됩니다. 1학년 내용이 수능의 직접 출제 범위에 해당하는 것은 이례적인 일이죠. 따라서 과학, 사회 과목은 고등학교 1학년 내용을 더욱 탄탄하게 다지는 것이 중요합니다. 학부모 입장에서는 교과별로 아이에게 부족한 점이 걱정되기 마련입니다. 물론 부족한 점을 보완하는 것도 중요하지만 아이가 특정 교과에 강점과 자신감을 갖고 있으면, 그것이 학습 전반에 긍정적인 방향으로 영향을 끼칠 수 있다는 점을 생각해야 합니다. 또한, 학종에서도 약점이 없는 것보다 강점을 강하게 드러내는 것이 입시에서 더 전략적일 수 있습니다.

일곱째, 학교 수업에 잘 참여하고 있나요?

선행 학습을 반대하는 입장의 핵심 논리 중 하나가 바로 학교 수업에 대한 참여 태도입니다. 이미 아는 내용이라 수업에 대한 참여 동기가 떨어진다고 합니다. 실제로 아이들이 교과 수업을 지식을 암기하고 답습하는 수준으로 바라본다면 선행학습으로 인해 수업 참여의 의지가 약해지는 상황이 발생할 수 있습니다.

그러므로 아이가 학교 수업을 '반복하는 시간'으로 인식하지 않고, '질문하는 시간'으로 인식할 수 있도록 해야 합니다. 이미 익숙한 수업 내용이라면 조금 더 발전적인 질문을 할 수 있는 물리적, 심리적 여유가 생길 수 있습니다. 여기서의 질문은 '어떻게 풀어요?'가 아니라 개념적인 질문입니다. 다른 관점으로 개념을 바라보거나, 해당 개념이 필요한 이유를 생각해 보거나, 개념을 여러 다른 교과나 실제 현상에 적용해 보는 등의 다양한 시도를 해보는 시간을 갖는다는 마음으로 교과 수업에 임하는 것이 좋습니다.

예를 들어, 사교육으로 피타고라스 정리를 선행 학습했다면, 피타고라스 정리를 다루는 학교 수업 시간에는 교과서가 제시한 증명 이외의 다른 증명이 없는지, 이미 배웠던 내용인 닮음의 개념을 활용해 증명할 수 있는지, 피타고라스 정리를 활용해 다른 것을 증명할 수는 있는지, 동양에서는 이런 수학적 접근이 없었는지 등 여러 관점에서 질문을 던지고 고민해 볼 수 있겠지요. 이는 학종에서 너무나 중요한 작업이기도 하며, 아이의 깊이 있는 공부를 위해서도 매우 중요합니다. 이렇게 되면 수업이 '단순 반복의 시간'일 리가 없습니다. 선행 학습으로 개념을 배우고 학교 수업에서는 그 개념을 토대로 넓고 깊은 생각을 할 수 있다면, 선행 학습이 아이에게 긍정적인 영향을 준다고 볼 수 있겠지요.

또한, 선행 학습은 학부모가 안심하기 위해서 하는 것이 아니라 '아이의 역량 강화'가 본질적인 목표임을 잊지 않아야 합니다. 그러기 위해서는 앞에서 언급한 '선행 학습을 할 때 꼭 해야 할 7가지 질문'을 토대로 아이의 상황을 파악하는 게 중요합니다.

'선행을 얼마나 해야 하는가?'라는 단순한 질문보다는 우리 아이가 어떤 아이인지 깊이 알아가려는 질문부터 시작해 보세요. 선행 학습이 아이에게 공부가 '하기 싫은 것', '성취하기 어려운 것'이 되어 버리고 부모와 더 멀어지는 과정이 되지 않아야 합니다. 그러려면 아이의 수준에 맞는 만큼 적절히 제공하면서 아이의 성장을 독려하는 과정이 무엇보다 중요합니다.

2028 대입이 크게 바뀐다는데 뭐부터 해야 할까요?

내신 9등급제에서 5등급제로

사실 대입 제도는 매년 바뀌어 왔습니다. 그런데 2028 대입이 유독 말이 많은 이유는 예년보다 변화가 크기 때문입니다. 따라서 2028년에 대학에 입학하는 고등학교 1학년(2025년 기준)부터는 2028 대입제도 개편에 대해 제대로 알아야 합니다. 지금부터 2028 대입제도 개편의 핵심 사항을 기반으로, 아이가 어떻게 학교 생활을 하면 좋을지 함께 살펴보겠습니다.

2028 대입 개편에서 가장 큰 변화를 정확히 표현하면 다음과 같습니다.

내용	2027학년도 대입까지	2028학년도 대입부터
내용	공통과목, 일반선택과목: 9등급제 진로선택과목: 성취평가제	전 과목: 5등급제 탐구 융합선택과목은 예외로 성취평가제
등급제 누적 비율 (상위 기준)	1등급 4% 2등급 11% 3등급 23% 4등급 40% 5등급 60% 6등급 77% 7등급 89% 8등급 96% 9등급 100%	1등급 10% 2등급 34% 3등급 66% 4등급 90% 5등급 100%

등급을 나누는 간격을 더 넓고, 느슨하게 하면서 경쟁을 완화시키겠다는 것이 교육부의 취지입니다. 일부 전문가들은 이로 인해 오히려 경쟁이 치열해질 거라고 예견합니다. 예를 들면, 1등급의 학생 수 비율이 이전보다 늘어나면서 1개 과목이라도 2등급이 나오면 교과전형에서 이전 입시보다 훨씬 더 타격이 커지는 상황이 생깁니다. 하지만 기존에 4~10%의 역량을 갖고 있던 학생들 입장에서는 2등급이 아닌 1등급을 받을 수 있기 때문에 유리해지는 면도 있습니다. 물론 학생들이 시기마다, 과목마다 성적이 뒤죽박죽인 경우도 많기 때문에 단편적으로 판단하기는 어렵습니다. 따라서 5등급제로의 개편으로 인한 유불리는 학생의 상황마다 달라질 수 있습니다.

이와 관련해 가장 크게 논의되는 것은 '5등급제로 바뀌면 1, 2등급의 비율이 높아져 내신 경쟁이 치열했던 자사고와 특목고가 더 유리해지는 것이 아닌가?'라는 의문입니다. 이에 대해 교육부는 개편 공식 Q&A에서 아래와 같이 답변했습니다.

Q 내신 5등급제를 시행하면 자사고와 특목고가 대학 진학에 더 유리한가요?
A 여전히 일반고가 유리하다는 분석이 많습니다. 학생의 특성과 지망에 맞는 고등학교 선택이 더 중요하다고 보고 있습니다.

답변이 짧다 보니 많은 부분이 생략되어 있는 느낌입니다. '일반고가 유리하다'는 말이 '내신 등급을 잘 받기 유리하다'라고 하면 당연히 맞는 말이지만, '대입에 유리하다'의 의미로 보면 해석이 더 필요하지요. 또한, '여전히'라는 말도 해석해봐야 합니다. '일반고가 여전히 유리하지만 그 유불리

의 격차는 줄어들었다'는 의미가 숨어있을 수도 있습니다.[1]

5등급제에 대한 대학들의 반응

가장 큰 문제는 학생부교과전형입니다. 교과전형은 정량평가를 기반으로 하는 '내신 줄 세우기' 평가입니다. 등급으로만 알기 어려운 부분이 있다는 것에 대학(상위권 대학일수록)들이 공감해 교과전형보다는 학종의 비율이 훨씬 높아진 지 오래 되었습니다. 심지어는 고려대, 성균관대, 경희대, 건국대, 동국대 등 교과전형에 생기부 평가를 일부 겸하는 교과전형도 꽤 등장했습니다. 더 나아가 수능 점수로 줄 세우기를 하는 정시 모집에서도 서울대, 고려대가 생기부 평가를 겸하기 시작했습니다.

또 5등급제로 인해 정량평가로만 학생을 선발하는 것이 어려워질 것으로 예상하는 대학들은 다음과 같은 변화를 고려할 것입니다.

- 교과전형 모집인원 축소
- 생기부 서류평가(정성평가) 요소 추가
- 면접 신설 또는 강화(1차 서류 합격자 배수 증가)
- 수능 최저 충족 기준을 신설 또는 강화

반면, 5등급제여도 교과전형 운영에 지장이 없을 것이라 판단되는 대학들은 정량평가 방식의 세부사항만 조정하는 방향을 고려할 확률이 높습니

---

[1] 2028학년도 대입부터 내신 5등급제를 시행하므로 중학생이 고등학교를 선택할 때 자사고나 특목고 선택에 매몰되기보다는, 교육부에서 언급한 대로 학생의 특성과 진로에 맞는 고등학교가 어디인지 생각해보는 게 더 중요합니다.

다. 가령, 해당 대학이 교과전형에서 국·영·수·과·사 과목만 반영했는데, 전 교과 반영으로 바꾸거나 모집단위에 맞게 관련성 있는 교과에 더 높은 비중의 점수를 반영하는 식으로 말입니다.

최상위권 대학일수록 교과전형에서의 변별이 어려워질 것이고, 이에 따라 적절한 변화를 줄 것이 어느 정도 예상되기 때문에, 중하위권 대학의 입장에서는 대학 이미지 차원에서라도 고민이 될 수밖에 없을 것이라 생각합니다.

변별에 대한 고민은 학종에서도 마찬가지입니다. 내신 등급 격차가 더 느슨해졌기 때문에 생기부의 중요도가 상대적으로 올라갔다고도 볼 수 있겠지요. 내신은 일종의 지원 자격 역할이 강할 것이고, 교과세부능력 및 특기사항(이하 세특으로 표기), 창의적 체험활동(이하 창체로 표기) 같은 생기부 내용이 더욱 중요하게 평가될 것입니다. 생기부에서 평가할 수 있는 항목이 매우 줄어든 현 상황에서는[2] 평가자 입장에서 더욱 어려움을 느낄 것이고, 이 변별의 어려움에 크게 공감하는 대학들일수록 교과전형과 수능 최저 충족 기준, 면접 신설 도입하거나 강화할 수 있습니다.

학종은 대학들이 인재 선발 차원에서 매우 선호하는 전형이기 때문에 모집 인원을 크게 감축하긴 어려울 것으로 예상합니다. 이외에도 대학 자체적으로 결정할 수 없는 요소로, 자기소개서 부활을 주장하거나 건의하는 대학교도 있습니다.

한편, 많은 분들이 놓치고 있는 부분 중 하나가 기존 진로선택 과목이 절

---

[2] 불과 몇 년 전만 해도 세특, 창체 이외에 수상 경력, 독서활동 상황, 개인 봉사, 진로 희망사항, 자기소개서, 교사추천서 등 서류평가를 할 수 있는 요소들이 많았는데 이것들이 현재는 모두 제외되었습니다.

대평가에서 상대평가로 변경되었다는 점입니다. 가령, 물리, 화학 전공과 관련해 학종을 준비하는 일반적인 자연계 학생을 예로 들면, 기존에는 기하, 물리Ⅱ, 화학Ⅱ[1], 수학과제탐구, 인공지능 기초, 생활과 과학 같은 진로선택 과목에서 80점만 넘어도 절대평가로 A를 받았습니다. 그런데 5등급제로 변경되면서 이 과목들이 모두 상대평가를 받게 된다는 점은 학생들에게 부담이 될 수밖에 없습니다. 기존에는 3학년이 되어 진로선택 과목의 비중이 높아지면서 자연스럽게 수능 공부에 조금 더 집중할 수 있었는데, 이제는 3학년 내신에서도 상대평가를 준비해야 하기 때문입니다. 탐구 융합선택과목을 들으면 된다고 생각하겠지만, 세특에서 특별하게 이수 이유가 드러나지 않는다면 학종에서 굳이 반갑게 여길 만한 이수 내역은 아니겠지요.

수능 '선택과목제'에서 '통합'으로

영역	2027학년도 대입까지	2028학년도 대입부터
국어	독서, 문학 + 선택과목 중 1개 (선택과목: 화법과 작문, 언어와 매체)	화법과 언어, 독서와 작문, 문학
수학	수학Ⅰ, 수학Ⅱ + 선택과목 중 1개 (선택과목: 확률과 통계, 미적분, 기하)	대수, 미적분Ⅰ, 확률과 통계
영어	영어Ⅰ, 영어Ⅱ	영어Ⅰ, 영어Ⅱ
한국사	한국사	한국사

---

1 2028 대입에서는 과목명이 역학과 에너지, 전자기와 양자, 물질과 에너지, 화학 반응의 세계 등으로 바뀝니다.

탐구	사회, 과학	사회 9과목, 과학 8과목 총 17개 선택과목 중 최대 택2	통합사회, 통합과학
제2외국어/한문		9과목 중 택1	9과목 중 택1

    2028 수능 개편의 핵심은 기존에 선택과목제로 시험을 보던 국어, 수학, 탐구 과목이 통합형으로 바뀐다는 점입니다. 쉽게 말해, 모든 학생들이 보는 수능과목이 동일하다는 의미입니다(사실상 수능에서는 영향력이 거의 없는 제2외국어는 여전히 선택과목으로 운영). 기존에는 선택과목 간 점수분포 차이로 발생되는 유불리가 매년 의도치 않게 발생하였습니다. 이를 없애기 위해 개편안으로 공정성을 확보하고 더불어 통합형, 융합형 인재를 양성하겠다는 것이 근본적인 취지라고 할 수 있습니다.

    실제로 많은 전문가들도 소위 '문과 침공'이라고 불리는 지금의 현상에 2028 수능 개편안이 긍정적인 방향으로 기여할 것이라 기대하고 있습니다. 대학에서는 자연계, 이공계 학생들이 고등학교에서 중점적으로 이수해야 할 수학, 과학 과목의 선택과목들이 수능에 출제되지 않게 되면서 학문적 기초 역량 저하를 우려하기도 합니다.

    한편, EBS 연계에 대한 부분은 변함이 없으니 EBS 연계교재에 대한 중요성은 여전히 높습니다. 더불어, 각 서·논술형 평가를 수능에서 도입하는 이야기까지 나왔으나 이는 일단 잠정 보류되었으며 현재 초등학생이 대입을 할 때쯤 다시 논의될 것으로 예상됩니다. 물론 교육과정의 취지에 따라 각 교과이수에서 서논술형 평가의 비중과 중요성은 계속 커질 것으로 예상됩니다.

고교학점제에서 성장하기

2028 대입 개편의 핵심 내용 2가지는 내신 5등급제와 통합형 수능임을 살펴보았습니다. 왜 하필 '2028학년도 대입부터' 바뀌었을까요? 바로 고교학점제의 영향이 큽니다. 2025학년도부터 전국 고등학교에서 시행되기 때문입니다. 고교학점제가 잘 정착할 수 있도록 대입 전형을 손본 것입니다. 그렇다면, 본격적으로 변하는 고교학점제와 2028학년도 대입에서 아이들은 학교 생활을 어떻게 하는 것이 좋을까요?

내신 경쟁이 완화되더라도 당연히 가장 중요하다

5등급제로 인해 내신에 대한 심리적 압박감으로부터 약간 숨통이 트이는 것은 사실입니다. 하지만 여전히 내신이 중요하다는 사실에는 변함이 없습니다. 최상위권 대학의 대세 수시 전형인 학종에서는 내신이 안 좋으면 비교과 경쟁력을 보일 기회가 주어지지 않을 수 있습니다. 비교과의 중요성이 더 커지긴 하겠지만 내신은 여전히 중요합니다. 내신은 마치 올림픽 출전권과 같습니다. 출전권이 없으면 실제 실력이 아무리 뛰어나더라도 올림픽에서 아예 수상할 수 없겠죠.

한편, 희망 모집단위와 관련된 교과는 더더욱 강한 자격 요건이 될 것입니다. 예를 들어, 공학계열을 희망하는 학생인데 수학, 과학의 내신 성적이 떨어진다면 다른 요소로 결과를 뒤집기는 더 어렵겠지요.

교과 내신에서는 서·논술형 평가 기조가 강화될 것이다

2027학년도 대입까지의 수능은 수학을 제외하고 모두 객관식으로만 출제됩니다. 수학의 주관식도 서·논술형이 아닌 단답형으로 30문항 중 9문항이 출제됩니다. 서·논술형 평가 도입 이야기가 이번 개편에서도 언급이 되었으나 선발 방식과 공정성에 예민한 사회 분위기상 도입이 어려웠던 탓인지 보류되었습니다. 하지만 여전히 교육과정에서는 지식 암기 위주의 평가보다는 학생의 깊이 있는 사고력을 측정하기 위해 서·논술형 평가를 권장하고 있습니다. 따라서 교육부나 교육청 차원에서 여러 형태로 학교에 이 기조가 전달될 것이고, 교사, 예비 교사들을 대상으로 서·논술형 평가, 과정 중심 평가에 대한 연수가 더욱 강화될 것입니다. 즉, 각 학교의 교과 정기시험에서 서·논술형 평가가 확대될 가능성이 있다는 의미입니다.

따라서 학생들은 평소에 교과과목을 공부할 때 서·논술형 문제라고 가정해서 생각하고, 써보는 연습이 필요합니다. 귀찮고 비효율적인 공부 같아 보이지만, 장기적으로는 사고력에도 도움이 되고 면접이나 논술 전형에서도 큰 도움이 될 것입니다.

합격권 내신 반영에서는 비교과의 영향력이 크다

학종을 기준으로 내신이 어느 정도 합격 범위에 들어왔을 때 비교과의 영향력은 이전보다 더욱 커집니다. 학생들은 국·영·수·과·사 공부뿐만 아니라 학종 자체에 대한 공부가 필요합니다. 생각보다 많은 학생들이 학종을 어설프게 이해하고 고등학교 1~2학년을 보내는 경우가 많습니다. 실제 비교과의 편차는 1~2학년, 특히 1학년 때 많이 벌어지기 때문에 학종의 핵심 평가 요소를 알고 학교 생활에 임하는 것이 좋습니다. 학종을 설명하기에는 너무나 많은 이야깃거리들이 있으나, 핵심은 각 교과 수업에 진정성 있게 참여해야 하고 탐구 주제를 점진적으로 발전시켜 심화 탐구로 이어가야 한다는 점입니다.

수능이 내신 역전의 기회를 준다

　수능 최저 기준을 신설 또는 강화하는 대학들이 많아질 경우, 예상되는 것보다 안 좋은 내신으로도 학종에서 합격하는 사례가 나타날 것입니다. 심지어 학생부교과전형에서도 그럴 수 있습니다. 따라서 수능 공부에 대해 장기적으로 대비하는 자세로 학교 생활에 임해야 합니다. 이 또한 핵심은 학교 수업에 대한 진정성 있는 참여입니다. 특히, 1학년 때는 더욱 그렇습니다. 내신과 수능의 상관관계는 생각보다 높기 때문이죠.

면접이 강화될 것이다

　평가할 수 있는 요소들이 축소된 생기부와, 거기에 더해진 내신 5등급제만으로 정성평가의 변별이 어렵다고 판단하는 대학들은 면접 전형을 신설하거나 강화하는 방향을 고려할 것입니다. 비단, 5등급제 때문이 아니더라도 이미 최상위권 대학들은 학종에서 면접을 실시하는 경우가 더 많습니다. 물론 3학년이 되어 단기적으로 면접을 준비하기도 하겠지만, 면접은 그동안 쌓아온 평소 역량이 많이 반영되는 평가 방식입니다. 그러므로 학교 생활 중에 발표 기회를 많이 만들고 자신의 생각을 적극적이고 논리적으로 표현해보는 연습을 많이 하는 자세가 필요합니다. 최소한 말하는 것에는 거부감이 없어야 합니다.

　더욱이 서울대가 2028 대입에서 '열린 문제풀이'를 기반으로 면접을 시행한다고 밝혔습니다. 세부적인 사항은 추후에 공개되겠지만 핵심은 학생의 '역량'을 평가하는 데 집중한다는 의미입니다. 평소 준비가 안 된 학생이 단기적인 면접 트레이닝만 갖고 합격하기는 어려울 것입니다.

탐침 질문[1] 예시

탐침 질문 유형	탐침 질문 예시
설명 요구하기	• 해결 과정에 이용한 ~ 공식은 어떻게 증명할 수 있는가? • 답변에서 언급한 ~의 개념에 대해서 아는 만큼 설명해보시오.
조건 및 상황 바꾸기	• 문제의 상황을 ~로 바꾸면 결과가 어떻게 바뀌겠는가? • 문제의 ~ 조건을 삭제하면 어떻게 접근하게 되겠는가? • 문제에서 ~ 조건을 추가하면 어떤 변화가 있겠는지 예측해 보시오.
목표 변형하기	• 문제에서 구하고자 하는 대상을 ~로 바꾸면 어떻게 접근해야 하겠는가? • 과제의 목표를 ~로 바꾸면 어떻게 하겠는가?
오류 발견 유도하기	• ~한 상황은 주장에 맞지 않는 것 같은데 어떻게 생각하는가? • 해결 과정 중 ~ 부분에 오류가 있는데 찾아서 설명해보시오.
일반화하기	• 답변에 제시한 ~을 일반화하면 어떤 결론을 내릴 수 있겠는가? • 주어진 문제의 결론을 일반화시켜서 설명해보시오.
현실로 가져오기	• 주어진 문제의 ~와 관련된 실제 상황에는 어떤 예시가 있겠는가? • 답변에 제시한 ~을 현실에 적용하는 방안에 대해서 설명해보시오. • 제시문의 ~ 상황을 직접 겪는다면 어떻게 하겠는가?
경험 질문하기	• 제시문의 ~를 실제로 겪었을 때 어떻게 했었는가? • 제시문의 ~와 관련하여 어떤 경험을 가지고 있는가?

서류 기반의 면접에서도 주의할 점이 있습니다. 만약 본인이 이해하지 못하는 내용이 생기부에 적혀 있다면, 면접에서 드러날 수밖에 없습니다. 그

---

[1] 탐침 질문이란, 창의성과 다면성을 이끄는 열린 문항과 학생의 답변에 기반한 질문으로, 일종의 꼬리 질문과 비슷합니다. 어떤 수준의 학생이든 자신의 고유한 학습 경험에 따라 답변할 수 있다는 특징이 있습니다.

러니 내가 이해하지 못하는 내용은 적지 않는 게 좋습니다. 또한, 탐구 주제를 점진적으로 심화한 과정을 적는다면 그와 관련된 내용으로 면접 문항이 뽑힐 가능성이 높습니다.

학종에서는 선택과목의 중요도가 높아진다

수능은 통합형이 되기 때문에 정시 파이터의 입장에서는 최대한 이수 과목을 '이수가 쉬운 방향'으로 선택하면 됩니다. 아이의 성장이나 진로와 관계없이 순전히 입시만 생각하면 그렇습니다. 그러나 문제는 학종에서는 '이수가 쉬운 방향'으로만 선택했을 경우 대체로 매우 불리하게 작용할 가능성이 높다는 것입니다. 진로희망과 상관없는 선택과목이나, 이수가 쉬워 보이는 선택과목 등은 당연히 정성평가를 할 때 강점을 찾기 어렵겠지요.[1]

5등급제로 개편되면서 내신의 영향력이 상대적으로 약해지는 만큼 입학사정관 입장에서는 '선택과목이 무엇인지, 왜 선택했는지, 그것을 통해 얼마나 또는 어떻게 성장했는지'에 관심을 갖게 될 것입니다. 통합형 수능으로 바뀌었다고 내신에서 선택과목을 편하게 선택하면 학종에서 멀어질 수 있습니다. 따라서 평소에 대학별로 제공하는 전공 가이드북과 학종 가이드북, 각종 공개 자료, 입학처 유튜브 등 다양한 자료를 통해 선택과목 안내 사항을 잘 살펴보면서 진로에 대해 더 많이, 더 깊게 생각해볼 필요가 있습니다. 희망 직업을 정한다는 의미가 아니라, 어떤 활동을 통해 폭넓고 깊게 성장했는지, 어떤 계열을 희망하는지 정도에서 출발하면 됩니다. 대학의 평가요

---

[1] 이런 점에서 2028학년도 대입에서 통합형 수능을 운영하는 것이 학생의 선택권을 존중하려는 고교학점제의 취지와 오히려 어긋난다고 비판하는 사람들도 있습니다.

소에 '진로 역량'이 대부분 들어 있으니 대학별 학생부종합전형 가이드북을 검색해보면 자료가 많이 나올 겁니다.

정시 파이터에게도 대학에서 공부할 때 필요한 과목을 고등 과정에서 이수하지 않으면 합격에 영향을 줄 수도 있습니다. 2028학년도 서울대 입시 전형의 정시에서도 생기부 일부 서류 정성평가를 겸하는 방식을 보면 예측할 수 있습니다. 그뿐만 아니라, 과거 서울대 교과이수 가산점 부여 사례처럼 교과 이수 과목을 정시에서 가산점 형태로도 적용하게 될 수도 있습니다. 의학계열 등 최상위권 자연 계열에서는 심화 수학이 수능의 선택과목으로 들어오지 못하게 되는 것에 반발해 이러한 시도를 충분히 고려할 수 있으니 이에 대한 대학의 결정은 추후 지켜봐야 합니다. 예를 들면, 공대에서는 아이들이 수능 과목으로 미적분(2028학년도 과목명은 미적분Ⅱ)을 보지 않더라도 교과 이수를 했으면 하는 마음이겠지요. 그 마음은 어떤 대학이든 비슷할 것입니다. 입시 전형까지 이어질지는 대학의 선택이겠지만, 최상위권 대학일수록 전공수업에 필요한 선택교과를 이수하게 만드는 방향으로 흘러가지 않을까 생각합니다.

정시 파이터가 더 빨리, 빈번하게 등장할 것이다

면접이 강화될 것이라고 예상하며 선택과목을 결정하려면 결국 '정시로 대학을 갈 것이냐', '학종으로 대학을 갈 것이냐'를 먼저 결정해야 합니다. 정시 중심과 학종 중심으로 이분법적인 결정할 것은 당연히 아니지만, 어느 쪽에 무게중심을 둘지 생각해야 합니다. 왜냐하면 2028학년도 대입에서는 이분법적인 양상이 더욱 강해질 수 있기 때문이죠. 통합형 수능으로 정시 파이터와 학종러(학종을 준비하는 학생)의 과목 선택 방향이 이전 입시보다 더 극명하게 갈릴 것이기 때문입니다. 아이들이 다음 학년도의 선택과목을 고르는 학년 말에는 정시 중심이냐, 학종 중심이냐 판단에 대한 압박감이 더욱 높아질 것입니다. 이 과정에서 내신 성적에 만족감을 얻지 못한 아이들은 일찌감치 '정시 파이터'를 자처하게 됩니다.

고등학교 1학년 중후반~2학년 초반부터 정시 파이터를 자처하는 학생들이 입시 결과가 좋은 경우도 있긴 하지만, 통계적으로 봤을 때 그 숫자는 일반적으로 학생들에게 권하기에는 큰 부담이 있습니다. 아주 복잡한 여러 이유가 상호적으로 작용하지만, 어쩌면 내신 잘 받는 것보다 어렵고 힘든 이유가 고등학교 1, 2학년이 3학년, 재수생 수준으로 수능 공부를 해야 되기 때문입니다. 정시 파이터는 정기고사마다 속속들이 발생하는데, ==흔들리지 않고 성실하게 학교 생활을 하는 것이 결국 수능에서도 성공하는 길임을 기억하세요!==

수능 공부의 무게중심이 전 학년에 분배될 것이다

보통 수능 공부라고 하면 3학년에게 무게중심이 강하게 쏠린 느낌입니다. 실제로 입시를 준비하다 보면 그게 맞기도 하지요. 하지만 이번 2028학년도 대입 개편을 통해 기존에는 2, 3학년 과목에 있던 수능 과목들이 대체로 1, 2학년으로 내려온 경우가 많습니다.

대표적인 것이 바로 탐구과목입니다. 기존 수능에서 보던 사회, 과학 탐구과목들은 거의 대부분 2, 3학년 때 이수합니다. 하지만 이번 통합형 수능에서 치르는 사회, 과학 탐구과목의 범위는 1학년 때 배우는 통합사회, 통합과학 범위에 해당됩니다. 즉, 1학년 때 배우는 것이 바로 수능과 연결되므로 평소에 내신을 대하는 태도 자체도 수능 공부를 한다는 마음가짐이 되겠죠? 중학교 때처럼 시험 때 반짝 공부하고 끝나면 까먹는, 그런 마음가짐이 아니라 '이 과목으로 내가 수능을 본다'는 자세가 필요합니다. 하지만 중학교 3학년을 갓 벗어난 고등학교 1학년 학생이 해내기는 쉽지 않습니다. 불과 몇 개월 전에 중학교 3학년이던 아이가 수능 공부를 하는 고등학교 3학년의 마음 가짐을 갖기는 당연히 어렵죠. 그래서 학생 간의 편차가 생기는 것입니다. 1학년 때부터 학습 습관과 태도가 잘 길러진 학생이 아무래도 수능이 유리하겠지요.

자연계 지원 학생 입장에서는 (일반적으로)3학년 내용이 수능에 들어가지 않기 때문에, 1, 2학년 수학부터 '수능 마인드'로 공부해야 합니다. 2028학년도 대입을 앞둔 3학년 때는 기존 입시에서 수능에 극단적으로 에너지를 쏟던 3학년 수준에서 벗어나, 내신과 비교과의 질적인 심화에 더 힘을 줘야 하고요. 물론 3학년 때 1, 2학년보다 수능 공부를 더 많이 해야 하는 건 당연한 얘기입니다.

조금 더 피부에 와닿는 이야기를 해볼까요? 지금까지는 EBS 연계교재(수능특강, 수능완성)라 하면 보통 3학년, 빠르면 2학년 때부터 풀었을 텐데, 이제는 1학년 때부터 EBS 연계교재를 풀게 될 수 있음을 의미합니다. 1, 2학년 때부터 내신과 함께 연계교재를 통해 수능의 기초를 다지는 것이 중요합니다.

입시는 통과해야 할 인생의 한 과정이다

2028학년도 대입에서도 학종은 여전히 최상위권 대학의 대표적인 수시 전형이 될 것입니다. 학종의 원형인 입학사정관 전형은 미국 등 선진국에서 대입에 활용하던 전형입니다. 2009~2010년도에 '입학사정관전형'이라는 이름으로 우리나라에 최초로 도입되었습니다. 입학사정관전형이란 한마디로 자기 대학의 인재상에 맞게 선발한다는 의미입니다. 지금은 최초의 방식과는 많이 달라지긴 했지만, 입학사정관전형 합격자들이 대학에서 좋은 결과를 내는 연구들이 나오면서 인재 선발 차원에서 모집 인원을 늘리기 시작했고, 입시에서 대세 전형이 되었죠. 여기서 말하는 좋은 결과란 학점, 대학 생활 만족도, 취업률, 취업의 질적 수준을 모두 포함합니다.

학종은 학생들이 학교 생활에 충실하며 자신의 진로를 찾아 나갈 수 있다는 긍정적인 부분이 있습니다. 또 실제 학종으로 입학한 학생들의 성과가 좋다는 여러 연구들이 나타나면서 지금은 워낙 수시의 대표적인 전형이 되었지만, 다른 부작용을 낳기도 했습니다. 바로, 대학을 가기 위한 기술적인 수단으로 활용되는 것입니다. 전공에 대한 관심만으로 교과 세특이 가득한 경우가 대표적인 예입니다. 심지어 입시에서도 더 이상 유리한 방법이 아님에도 말입니다. 관심을 보이는 데 매몰되다 보니 해당 교과에서 길러야 할 역량은 길러지지 않는 함정에 빠지기도 합니다. 또는 오로지 입시를 위해서 적절한 진로희망을 인위적으로 설계하기도 하죠. 과정을 통해 꿈이 생기는 것이 아니라 쉬운 과정을 위해서 꿈을 설정하는 것입니다. 어른들도 미래의 꿈이 바뀌기도 하는데 고등학생들이 입시를 위해 한 번 정한 꿈을 계속 유지할 수 있을까요?

==교과전형이 '지금 고등학교에서 잘 하는 아이'를 뽑는 전형이라면, 학종은 '대학에서 잘 할 아이'를 뽑는 전형입니다.== 하지만 학종을 그저 수단으로 활용한 학생들은 설령 운이 좋아 원하는 대학에 갔더라도 전형의 취지에 부합하는 소위 '대학에서 잘 하는 아이'가 되지 못할 수 있습니다. 그러한 태도

자체가 입시라는 장기전에서 아이를 지치게 만들기도 합니다. 내적 동기부여가 아닌 외적 동기부여 때문이니까요.

학종은 수단이 아닌 기회이다

학종은 기회입니다. 자신을 알아가고, 필요한 역량을 기르면서 그 과정에 대한 보상으로 입시까지 얻는 기회입니다. 부모 세대는 한 반에 40~60명의 학생이 일률적으로 학력고사나 수능을 보았다면, 이제는 한 반에 20~30명의 학생들이 각자 삶의 목표를 찾아가는 교실이 되었습니다. 그 가능성을 반영한 것이 학종입니다. 교과 수업에 충실하면서 관심 분야에 성실하게 임하는 태도, 학습 주제에 의문을 던지고 질문을 하면서 생기는 비판적 사고력, 여러 다양한 활동을 전개하면서 다양한 형태의 역량을 기를 수 있습니다.

예전에는 공부 좀 한다는 아이들은 대부분 동아리 활동을 거창하게 하지 않았습니다. 내신, 수능 공부하기 바쁜데 그런 데 에너지를 쏟을 여력이 없으니까요. 하지만 지금은 거의 모든 고등학교에서 동아리가 활성화되어 있어, 아이들은 다양한 방면으로 관심사를 키워 나가고 역량을 기를 수 있게 됐습니다. 가장 중요한 것은 다양한 학습과 활동의 과정에서 '나를 알아갈 수 있다'는 것입니다.

물론 내신과 수능으로도 학생들의 역량이 길러지고 자신을 알아갈 수 있겠지만, 학종과 고교학점제는 이 목표를 더욱 명확하게 반영한 것이라 할 수 있습니다. 물론 공정성 화두에 여러 번 올랐지만, 꽤나 안정기에 접어들었고, 대학들은 매년 여러 형태로 노력하고 있습니다. 그리고 대부분의 고등학교들도 다양한 프로그램, 생기부 기재 측면에서 꽤나 상향평준화되었습니다. 아이가 학종을 준비하는 과정이 단순히 공부하는 것을 넘어, 대학 수학에 필요한 역량을 기르고, 자신을 알아가는 과정이며, 궁극적으로 삶을 준비하는 과정임을 배웠으면 좋겠습니다. 그리고 입시는 그 과정의 보상으로 자연스럽게 따라오는 것임을 건강하게 받아들인다면 더 좋겠지요.

교육과 진학의 상호모순보완적 관계 이해하기

진학을 꽤 많이 공부한 교사로서 의문에 빠질 때가 있습니다. 한때는 교육자를 꿈꾸었는데 이제는 그냥 입시 컨설턴트가 된 것 같다는 기분마저 듭니다. 그런 내적 갈등을 겪으면서 입시 상담에 임합니다. 전략을 설계를 하는 동시에 어떻게 하면 아이의 '진짜 성장'을 도울 수 있을지 고민합니다. 대학 잘 가는 것 말고도 좋은 사람, 멋진 사람, 행복한 사람으로 살아갈 수 있도록 말입니다.

실제로 교육 현장에서는 아직도 '진학'만이 강조되면서 '교육'은 제대로 되지 않는 모순적인 관계로 교육과 진학이 정의되기도 합니다. 다소 극단적일 수 있지만 이해를 돕기 위해 예를 들어보겠습니다. 만약, 아이가 고등학교에 들어갔는데 스포츠클럽 활동을 한다고 하면 보통의 학부모는 어떤 생각부터 할까요? 공부할 시간이 뺏긴다고 생각하죠. 스포츠 동아리만큼 아이들이 열정적으로 시간 약속을 정해서 규칙적으로 활동하고, 팀으로 활동하며 상호협력하고, 대회에 나가서 성취와 좌절을 맛보기도 하는 특별한 기회가 학교 현장에 많지 않은데도 말입니다. 어쩌면 우리는 진짜 삶에 필요한 역량을 기르는 것을 국영수에 뺏기고 있는지도 모릅니다. 하지만 학종을 정확히 이해하고 적절히 활용하면 교육과 진학의 모순적인 관계에서 해방될 수 있다고 생각합니다.

저는 이러한 입시 상황을 '교육과 진학의 상호모순보완적 관계'로 표현하고 싶습니다. 아이가 고등학교에 입학해 학교 생활을 하고 졸업하면서 이 둘의 관계가 결정될 것입니다. 교사와 학부모의 역할은 아이에게 상호모순성의 적절한 균형점을 찾아주되, 궁극적으로는 이 둘이 상호보완적 관계가 되도록 가능성을 찾아주는 것입니다. 입시라는 삶의 관문을 건강하게 통과하여 어른이 된다는 건 단순히 '대학을 잘 갔다'는 의미를 넘어서, 적절한 노력과 자신만의 성취를 긍정적으로 경험하면서 자신의 삶을 주도적으로 그려 나갈 수 있는 20대를 살아갈 마음가짐을 의미합니다.

인생이 원하는 대로만 풀리지 않는다는 것을 그 길을 먼저 걸어본 학부모와 선생님은 압니다. 원하는 목표 대로 이루면 가장 좋겠지만, 그렇지 않더라도 그 과정에서 어떻게 성장하고 나아가느냐가 더 중요하다는 것을 경험해 보았을 겁니다. 우리 어른들이 그랬던 것처럼, 아이 역시 멋진 20대로 성장할 수 있도록 도와주고 지켜보면 어떨까요?

나만의 학생학을 찾아서

학생 한 명 한 명을 이해하는 것 자체가 하나의 독립된 학문으로 표현될 정도로 독립적이고 방대한 영역입니다. 각각의 학생들이 가진 모습을 면밀히 살펴보고 평기하는 학종에서는 입학사정관들이 '개별 학생학'을 계속 새로 공부합니다. 물론 교사도 학교 현장에서 끊임없이 갱신되는 수백 명의 학생학을 공부하는 셈이죠. 이러한 특징 때문에 학종을 한마디로 아울러서 이해하기는 어렵습니다. 다양하면서도 적절한 개별 사례들을 통해 학종에서 언급하는 설명과 논리를 이해할 수밖에 없지요. 그렇기 때문에 많은 대학들도 학종 가이드북, 학종 안내서라는 이름으로 각종 사례와 함께 정보를 제공하려고 노력합니다.

물론 하나의 사례로 모든 학종을 일반화하는 것은 매우 위험한 일입니다. 하지만 2부부터는 그러한 위험성에 대한 경계를 바탕으로 설명하겠습니다. 학종 전체를 이해하기에 충분히 의미 있고 적당히 다양한 개별 학생학을 살펴보면서, 나만의 학생학을 만들어 진로(꿈)와 진학(입시) 두 마리 토끼를 동시에 잡길 바랍니다.

PART 2

자연계열
학종 우수 사례

어느 날 교무실로 걸려온 전화를 한 통 받았습니다.

"그 학교의 메디컬 입시 결과는 어떻게 되나요?"

예전에는 고등학교 진학 시 졸업생의 서울대 합격자 수를 주로 봤지만 요즘은 '메디컬' 합격자 수 문의가 가장 많습니다. 메디컬은 의예과뿐만 아니라 흔히 '의치약한수(또는 의치한약수)'를 통칭합니다. '의치약한수'는 의예, 치의예, 약학, 한의예, 수의예 전공을 의미하며 평균적인 입시 결과(내신 성적)의 순서가 대략 이 순서이기 때문에 이렇게 불립니다. 물론 메디컬 합격자 수라는 지표가 그 학교의 수준과 모든 교육 환경을 설명하는 것은 아닙니다. 어쨌든 이런 현상은 메디컬 입시에 대한 관심도가 높아진 것을 여실히 보여줍니다. 그만큼 메디컬 계열 지원에 뛰어난 학생들이 많다는 얘기이죠. 실제로 메디컬 계열에 관심이 있거나 없거나 성적이 우수한 학생이라면 "그 성적인데 의대 안 써?"라는 말을 수시로 들을 것입니다.

메디컬 계열은 자연계 일반학과 입시와는 별도로 설명회가 이루어지는 등 아예 다른 차원의 입시 영역으로 다루어집니다. 그만큼 학생의 뛰어난 역량과 노력은 물론 여러 정보에 대한 민감도도 더욱 높아야 합니다. 또한,

의학계열은 학종의 비율이 더욱 높은 계열로, 비교적 단순한 교과, 정시전형에 비해 더욱 많은 정보가 필요합니다.

최근 의대 정원이 확대되면서 의대 진학에 생각이 없던 아이들도 한번쯤 생각해 볼 것입니다. 학부모와 학생들의 관심이 높은 만큼, 더욱 치밀한 접근과 정보가 필요하겠죠? 그래서 2부에서는 메디컬 계열 입시 설명이 많은 부분을 차지하게 되었습니다. 다만 의대를 선호하는 분위기가 사회에 긍정적인 영향만 주는 것은 아닙니다. 극단적인 의대 선호 현상과 관련해 의대를 지망하고 진학하는 것이 학생 개인의 삶에 어떤 영향을 미칠지도 이번 장에서 반드시 생각해보고 넘어가면 좋겠습니다.

의치약한수에 대한 관심만 커진 것이 아닙니다. 자연계열 응시 학생 수가 늘어났습니다. 불과 얼마 전까지도 인문계(문과) 학생들이 많았지만, 2023, 2024학년도 수능에서는 과학탐구 과목 응시자 수가 사회탐구 과목 응시자를 추월하기 시작했고 그 격차는 계속 벌어지고 있습니다.[1] 입시 뉴스에 자주 등장하는 고등학교들을 보면 자연계(이과) 학생들이 많을 뿐만 아니라, 이제는 여고에서도 자연계 학생이 인문계 학생보다 많은 경우가 흔합니다. 물론 학생들의 관심사가 변한 영향도 있겠지만, 사회적인 분위기와 교육 및 입시 상황이 달라진 것이 더 큰 이유일 것입니다. 그러다 보니 아이의 적성과 상관없이 무턱대고 자연계를 선택하는 경우도 있습니다. 하지만 과연 그게 올바른 선택일까요? 이번 장에서 소개할 사례들을 통해 자연계에서는 어떤 탐구를, 어떻게 하는지 알아봄으로써 진로 선택에도 도움이 되

---

[1] 2025학년도 입시부터 공학계열에서도 대부분 사회탐구 응시를 허용하게 되면서 자연계 학생들이 사회탐구를 응시하는 소위 '사탐런' 현상이 나타났습니다. 그래서 다시 사회탐구 응시 인원이 과학탐구 응시 인원보다 많아지긴했으나, 응시 과목이 그럴 뿐 자연계 학생이 늘어나는 현상은 심화되고 있습니다.

면 좋겠습니다.

일반적인 자연계열은 수학, 과학의 역량을 어떻게 기르고 생기부에서 어떻게 표현할 수 있는지에 초점을 맞추었습니다. 사실 수학, 과학 역량만 있으면 대부분의 학과는 학종 지원을 준비하는 게 크게 어렵지 않습니다. 해당 전공에 관심을 보여주기 위해 해당 모집단위에 관련된 탐구 소재를 생기부에서 다루지 않아서 문제가 되는 것보다 수학, 과학 역량이 모자라서 문제가 되는 경우가 훨씬 압도적입니다. 2부에서는 '수학, 과학 역량은 무엇이고, 어떤 노력을 해야 하는가?'의 관점으로 사례들을 살펴보겠습니다.

Case 01

의학 세부 분야에 관심을 둔
의대준비생인 정민

실제 사례

내신 평점: 1.30 자사고(5등급제 추정 1.05)[1]　**수능**: 국수탐 백분위 평균 91%
수능 국수영탐탐 등급: 1/2/2/4/1　**최종 진학**: 연세대 의예과

대학	학과	전형[2]	전형명	결과	수능 최저 통과
연세대	의예과	종합	학교생활우수자	최초합	O
한양대	의예과	종합	서류형	불	없음
이화여대	의예과	종합	미래인재	불	X
경희대	의예과	종합	네오르네상스	불	O
아주대	의학과	종합	ACE	불	X
한림대	의예과	종합	학교생활우수자	불	X

최종합: 최종합격 / 1차합: 1차합격 / 최초합: 최초합격 / 1차불: 1차불합격 / 불: 불합격 / 합: 합격

정민(가명)이는 자사고에서도 내신이 우수한 학생이었으나 네 군데에서

---

1. 2부와 3부에서 언급되는 내신은 9등급제 내신을 기본으로 합니다. 9등급제 내신을 5등급으로 빠르게 계산하기 위한 대략적인 환산식을 제시해 보면, (5등급제 내신) = 0.5 × (9등급제 내신) + 0.4입니다. 예를 들어, 9등급제 3등급 중후반대 성적은 5등급제로 환산했을 때 약 2등급 초반대 성적이 됩니다. 다만, 9등급제 기준으로 같은 전 과목 평균 내신이라도 과목별 백분위에 따라 다른 5등급제 전 과목 평균 내신으로 환산될 수 있음은 유의해야 합니다. 실제, 위 환산식으로 계산했을 때의 오차범위가 약 ±0.2 정도됩니다.

2. 전형명, 전형 요소(면접, 수능 최저 유무 등) 등은 매년 다를 수 있습니다. 수시 6장의 결과는 수준과 역량에 따른 개략적인 입시 결과를 이해하는 정도로 활용하기 바랍니다.

수능 최저 기준을 통과하지 못한 안타까운 사례였습니다. 그만큼 의대 준비는 내신 성적뿐만 아니라 수능 최저 기준을 충족하기 위한 수능 실력이 뒷받침되어야 한다는 것을 알 수 있습니다. 그래도 정민이는 다행히 수능 최저 기준을 통과했던 연세대 의예과에 최초 합격해 현재 의대를 잘 다니고 있습니다. 재학생으로서 수능이 불안한 경우라면 다양한 스펙트럼의 수능 최저 기준으로 수시 여섯 장을 설계할 필요도 있을 것입니다.

정민이가 의대에 합격할 수 있었던 이유는 내신과 수능 덕분만이 아닙니다. 열쇠는 바로 '비교과'에 있습니다. 정민이는 특이하게 의학 세부 분야까지 관심을 갖고, 구체적이고 세부적인 의학 소재까지 탐구했습니다. 어렸을 때부터 내분비내과 진로를 희망한 덕에 의학 주제 심화 탐구를 집중적으로 할 수 있었던 것입니다.

이것도 궁금해요 Q. 의대를 목표한다면 세부 학과를 정해야 할까요?

다른 모든 학과와 마찬가지로 의대라고 해서 합격이 잘 되는 비교과 소재가 따로 있는 것은 아닙니다. '무엇을 했는지'보다 중요한 것은 '얼마나 깊이 있게 탐구했는지', '탐구 전후에 어떤 과정이 있었으며 그 활동을 통해 내가 어떻게 성장했는지', '어떤 역량이 얼마나 드러났는지'가 드러나야 합니다.

의학계열의 세부 분야를 정했다고 해서 가령, '나도 정형외과를 희망해서 학종을 준비해야 겠다.', '호흡기내과를 가야 겠다.'고 생각할 필요는 없습니다. 고등학교 교육 과정에서 세부 분야까지 정하기는 쉽지 않으며, 또 평가자 입장에서도 '고등학생이 벌써? 의대생들도 고민하는 건데?'라고 의아할 수도 있습니다.

희망 세부 분야를 갖고 있는지 여부가 아니라, 왜 그 분야에 관심 갖게 되었는지 특히 그것이 수업과 탐구 상황에서 연계되는지가 더 중요합니다. 세부 분야가 없다고 하더라도, 각 교과영역에서 깊이 있는 교과 역량을 보여줄 수 있다면, 세부 분야는 전혀 필요 없습니다. 교과 역량이 드러나지 않은 채 세부 분야에 대한 관심만 보여주는 것은 상위권 대학 학종에서는 오히려 질적인 측면에서 독이 될 수 있기 때문입니다. 학생의 성장 측면에서도 대학에서 정말 필요한 기초 역량이 아닌, 가짜 역량만 잔뜩 부풀려 놓았다고 볼 수도 있습니다.

■ 연계 확장 주요 탐구활동

1학년 동아리: '뇌와 신경세포, 운동성 뉴런 질환' 등 뇌 탐구

1학년 진로활동: 건강하고 행복한 삶에 관한 건강 도우미 앱 기획

2학년 화학Ⅰ: 프리래디컬에 의한 노화 기전과 항산화제 탐구

2학년 동아리: 뇌 가소성 등 뇌과학 탐구

3학년 동아리, 진로활동: 임상 표본조사, 성장·노화호르몬, 내분비종양 연계 탐구

3학년 미적분: 감염병 예측, 호르몬 농도 등 수리모델과 그래프적 이해

3학년 생명과학Ⅱ: 유전자 등 배운 내용을 토대로 암, 종양 등 확장 탐구

3학년 사회문제탐구, 영어 독해와 작문: 노인 문제와 의료 시스템, 의료 윤리, 건강권

세특 전반: 배운 내용을 토대로 호르몬, 암, 뇌, 노화, 등 관심 분야 확장적 탐구

정민이는 내분비내과 의사라는 세부적인 진로희망을 가지고 교과 내용에 기반해 탐구를 진행한 것이 잘 드러납니다. 물론 그 수준이 교과 수준보다 다소 높은 것도 있지만, 난이도가 높은 소재를 다뤘다고 해서 그것이 꼭 양질의 활동이라는 보장은 없습니다. 탐구활동은 수업과 별개라고 인식하지 말고, 수업에서 질문과 의문을 얻어 그것을 탐구의 출발점으로 삼아보는 게 좋습니다. 그 과정에서 의학의 세부 분야에 관심이 생긴다면 그쪽 방향으로 탐구를 이이 니갈 수도 있습니다.

결론적으로 의학계열 학종은 아래의 3가지 요건이 충족되어야 한다고 정리할 수 있습니다.

우수한 내신 성적 + 교과 연계의 심화된 탐구활동 + 높은 수능 최저 기준 충족

■ **보완/강화되면 더 좋은 점**

정민이는 3학년 모의고사에서는 수능 최저 기준이 충족되어 합격을 기대했지만 실제 수능에서는 4개 대학의 수능 최저 기준을 충족하지 못했습니다. 재학생이 수능에서 기대했던 만큼 결과를 내는 것이 역시 쉽지 않다는 의미이죠. 4개 대학의 수능 최저를 충족했다면 1곳 정도는 더 합격했을 수도 있어 보입니다.

정민이는 수학, 과학 역량이 뛰어난 학생이었지만, 그에 비해서는 리더십이나 공동체 역량이 더 드러나지 못했습니다. 의학계열에서는 면접에서도 인성 영역에 대한 평가를 보는 대학이 있을 정도로, 생각보다 인성평가는 중요합니다(물론 학업 역량이 제일 중요한 것은 변함없습니다). 다만, 꼭 회장이나 봉사활동이 아니더라도 자신의 학업 역량을 적극적으로 활용해 또래 멘토링 같은 활동이 있었다면 더 좋았을 것 같습니다. 실제로 소위 의대 빅5라고 불리우는 서울대, 연세대, 가톨릭대, 울산대, 성균관대 의대의 경우 리더십이나 인성 영역 측면에서도 압도적인 모습이 드러나야 합니다.

Q 이것도 궁금해요 의학계열에 합격한 정민이는
수학, 과학 내신이 모두 1등급이었나요?

아닙니다. 정민이는 생명과학I에서 무려 3등급을 받은 적이 있습니다. 아무리 자사고라도 의예과 지원을 생각한다면 수학, 과학 성적이 1등급에 가까워야 하는 것은 사실입니다. 하지만 그렇다고 해서 수학, 과학 교과에서 한두 번의 2~3등급 경험이 입시 전체를 완전히 망가뜨리는 것은 아닙니다. 특히 원점수가 높다면 크게 좌절할 필요는 더더욱 없습니다. 대신 자신의 강점을 강화하는 것에 보다 집중하기를 권장합니다. 학종에서는 세특에서 드러나는 역량으로, 강력한 수능 최저 기준 충족으로 일정 범위에서는 내신을 충분히 극복할 수 있습니다.

Case 02

의과학자를 꿈꾸는
실험 역량이 뛰어난 준서

실제 사례

내신 평점: 1.07 일반고(5등급제 추정 1.00)　**수능**: 국수탐 백분위 평균 89%
수능 국수영탐탐 등급: 3/1/1/2/2　**최종 진학**: 성균관대 의예과

대학	학과	전형	전형명	결과	수능 최저통과
연세대	의예과	교과	추천형	1차합	O
성균관대	의예과	종합	성균인재	최종합	없음
한양대	의예과	종합	서류형	최종합	없음
경희대	의예과	종합	네오르네상스	1차합	O
건양대	의학과	교과	일반학생전형	최초합	O
인하대	의학과	교과	지역균형	불	O

　준서(가명)는 우리가 흔히 만나는 의사가 아닌 '의사로서의 과학자'가 꿈이었습니다. 준서는 일단 특목고나 자사고 학생에 비해 내신에 강점이 두드러지는데 특히 수학, 과학은 내신 평점이 1.0일뿐만 아니라 원점수가 100점인 경우가 대부분이고, 국어 교과에서도 2등급을 여러 번 받았습니다. 준서의 두 번째 강점은 주도적인 실험 역량입니다. 특목고와 자사고는 실험이나 과학 관련 프로그램들이 많이 있어 아이들이 참여만 하면 됩니다. 그러나

준서는 일반고에 다니고 있어 학교 내 교육과정에서 제공되는 실험 프로그램이 많이 없었음에도 불구하고, 교과에서 배운 내용을 확인하고 확장적인 질문을 해결하고자 스스로 실험을 기획해서 선생님께 제안하고 도움을 받았습니다. 학교에서 할 수 없는 실험들은 교육청 실험 장소를 대여했고, 실험 이후에는 개선할 점들을 마련해 다음 학기 탐구 계획까지 수립했습니다. 잘 짜인 프로그램에 참여한 것은 아니지만 제한된 환경에서 자기주도성을 발휘해 학습해 나가는 역량이 매우 긍정적으로 보입니다.

보고서만 제출하면 땡? 단순한 탐구의 한계

입학사정관들이 학생을 평가하면서 아쉬움을 느끼는 부분은 무엇일까요? 바로 탐구 방식의 '다양성'입니다. 시간이 흐를수록 생기부가 상향평준화된 것은 맞지만, 활동 방식은 여전히 문서 작업 위주입니다. 인터넷에서 자료를 찾고 요약하고 정리해 보고서를 쓰는 것은 잘하지만, 그 이상으로 적극적이고 활발하게 탐구하는 학생은 드물지요.

그저 어려운 소재로 단순 보고서 제출로 끝나는 탐구보다는 쉬운 소재라도 학생의 주도성과 사고 과정이 잘 드러나는 다양한 방식의 탐구가 더 낫습니다. 실제 대학에서도 레포트나 논문만 쓴다고 수업과 연구가 끝나는 것은 아닌 것처럼 말입니다. 단순 보고서 제출 이외에 다양한 탐구 방식의 예로는 발표, 독서, 토론, 실험, 설문, 관찰, 제작, 창작, 인터뷰, 멘토링, 공모전 등이 있습니다.

■ 연계 확장 주요 탐구활동

1학년 진로활동: 의과학의 발전 동향에 대해 알 수 있는 기사를 수집해 정리하고 이에 대해 관련 서적을 선정하고 발전 방향에 대한 토론회를 직접 개최해 운영

2학년 물리I: 교과서에 나온 공식들이 실제 완벽하게 성립하지 않은 이유들에 대해 탐구하고 발표

2학년 화학Ⅰ: 교과서에 등장하는 모든 통제 변인들을 정리하고 어떤 것이 가장 영향력이 큰지 학생들에게 설문조사를 실시한 후 결과를 핵심적으로 정리해 발표

2학년 동아리(실험 동아리): 물리Ⅰ 시간에 발표한 내용을 토대로 역학에 대한 공식을 확인하는 실험을 직접 기획해 운영했고, 발생한 오차와 그 원인에 대한 분석을 토대로 토의

3학년 물리Ⅱ: 물리Ⅰ 교과 탐구활동과 2학년 동아리 활동에서 일차원 운동 등 역학에 대한 단순한 모델링이 가졌던 한계점을 어떻게 보완하였는지 탐구하여 발표

3학년 미적분: 수열의 극한을 배우고 수렴하는 경우에 해당하는 상황을 도형으로 표현한 예시를 20개 창작해 각 예시마다 첫째항과 공비를 찾는 퀴즈를 학생들에게 출제

세특 전반: 주도성 있게 활동을 설계해 성장해 나가는 모습이 인상적이라는 평가가 많음

의과학자는 뛰어난 학업 역량은 물론 탐구 분야를 스스로 개척하고 미지의 영역을 밝혀 나가는 역량이 중요합니다. 그런 면에서 의과학자 양성에도 관심이 있는 우수한 의대에서는 준서를 긍정적으로 평가했을 것으로 보입니다.

■ 보완/강화되면 더 좋은 점

준서는 모의고사 성적이 잘 나오지 않아, 수능 최저가 없는 대학이나 전형 위주로 수시를 지원했습니다. 만약 모의고사 성적이 받쳐 주었다면 지원할 수 있는 대학의 폭이 더 넓었을 것 같습니다. 더욱이 정시까지 가면 안 되고 수시에서 합격해야 했기 때문에 수시 6장의 카드 중에서 대부분 안정 지원을 할 수밖에 없었던 것이 아쉽습니다.[1]

---

1 지방의 지역인재전형을 중심으로 수능이 잘 나오는 학생들은 과거에 비해 부족한 내신으로도 의대에 지원하는 사례들이 늘어날 것입니다. 실제로 24학년도 충남대 지역인재전형에서 3등급대 합격자가 나오기도 했습니다. 특수한 사례이고 보편화되긴 어려운 수준이지만, 매년 이런 기이한 사례는 다른 곳에서도 충분히 나타날 수 있습니다.

Q 이것도 궁금해요 — 의예과 면접은 어떻게 이루어지며, 어떻게 대비해야 하나요?

경희대 같이 일반학과와 동일하게 서류(생기부) 기반 면접을 실시하는 곳도 있지만 많은 대학들이 의예과 면접으로 소위, MMI(Mutiple Mini Interview, 다중 미니 면접)라고 불리는 면접을 실시합니다.

MMI는 쉽게 말해 의사(약사, 수의사)에게 필요한 역량을 갖춘 학생을 선발하기 위한 면접입니다. 흔히 말하는 학업 역량 이외에도 해당 전공, 직군에 필요한 윤리적 의사결정, 논리적 판단력, 소통 역량, 문제 인식 능력 등을 평가합니다. 주로 딜레마적 상황에 대해 자신의 판단과 그 이유를 쌍방향으로 소통하는 식으로 문답이 오가며 이루어집니다. 어떤 대학들은 면접실이 1개이기도 하지만 어떤 대학들은 면접실, 즉 면접의 종류가 2~3가지인 곳도 있습니다.

거의 모든 대학이 입학처 홈페이지에 면접 기출문제를 공개하기 때문에 참고할 수 있습니다. 면접 전에 단기적으로도 연습해야겠지만, 평소에 발표와 토론, 다양한 소통 방식을 통해 내 생각을 논리적으로 말하고, 의사(약사, 수의사)에게 필요한 역량과 그들이 겪는 여러 딜레마 상황들을 고민하는 태도가 필요합니다. 이런 부분들에 대한 탐구를 하는 것도 한 가지 방법이 될 수 있고, 생활과 윤리 등 관련 교과를 이수하는 것도 간접적인 접근 방법이 될 수 있습니다.

경희대나 아주대 같은 일부 대학들은 의약학계열 설명회를 별도로 운영하기도 합니다. 높은 입결 등 의약학계열만이 갖는 특수성이 있고, 수요층도 조금 다르기 때문입니다. 일례로, 아주대 의약학계열 설명회에서는 의학과 학종 합격자 중 서류 평가 우수자 상위 10명을 연구한 결과를 공개한 적이 있습니다. '의학과 상위 합격자 10명에게 보인다!'라는 내용으로 다음과 같은 특징들을 언급하면서, 중요 키워드로 '지속, 성장, 확장'을 꼽았습니다. 의예과 면접에 어떤 역량이 필요하고 대비해야 하는지 알아두는 차원에서 참고로 읽으면 좋을 것 같습니다.

1. 학업 역량

생기부 전 영역에 걸쳐 자기주도학습 노력과 높은 수준의 학습 능력이 드러났습니다. 전 교과에서 전반적으로 높은 이해력, 사고력, 탐구력, 문제 해결력이 보였고, 교육과정에서 제시하는 높은 성취 수준에 도달하였습니다. 학업적 호기심을 채우기 위한 독서 활동과 더불어 궁금한 점을 파고들어 본인의 지적 호기심을 해결하는 노력이 풍부하게 드러났습니다. 문제점을 추가로 파악함으로써 오류와 오차를 줄이는 방식으로 해결해 나가며 후속 활동을 전개했습니다.

여러 문제 해결을 요구하는 상황에서 자원하기도 하고, 주어진 역할을 끝까지 해내는 노력, 쉬운 말로 실천력과 끈기가 돋보였고, 긍정적인 수업 분위기를 주도한다는 특징이 있었습니다. 위의 노력과 태도는 '지속'이라는 핵심 키워드로 표현할 수 있습니다.

2. 진로 역량

관심 분야에 대해 구체적으로 접근하려는 모습뿐만 아니라, 부족하다고 느끼는 부분에 대해 도전하고 더 좋은 아이디어를 제시하거나 재해석, 심화, 융합, 연계하는 등 다양한 관점에서 분석하고 영역을 넓혀나갔습니다. 특히 경험하고 탐구하는 방식과 방법이 논리적이고 창의적이며, 능동적이면서도 세밀한 태도가 돋보였습니다. 일련의 과정과 기대 수준 이상의 결과를 만들어내는 모습은 '성장', '확장'이라는 핵심 키워드로 표현할 수 있습니다.

3. 공동체 역량

사소한 학급 일거리부터 학교 행사까지 크든 작든 열정적으로 참여하는 솔선수범의 자세가 드러납니다. 무엇보다 '누가 시키도 않아도'라는 뉘앙스를 많이 풍기며, 남들이 꺼려하는 일도 도맡아 나서는 도움 행동은 물론 공유 학습, 지식 나눔 등의 모습에서 나눔, 배려, 협력, 리더십이 드러납니다. 교사는 물론 주변 동료 학생들로부터도 인정과 신뢰를 받고, 주변에 긍정적 영향력을 주는 학생임이 드러납니다.

Case 03

의대를 희망했지만
치의예과에 합격한 승재

실제 사례

내신 평점: 2.11 자사고(5등급제 추정 1.46) **수능**: 국수탐 백분위 평균 95%
수능 국수영탐탐 등급: 2/2/1/1/1 **최종 진학**: 경희대 치의예과

대학	학과	전형	전형명	결과	수능 최저 통과
아주대	의학과	종합	ACE	1차불	O
가천대	의예과	종합	가천약학	1차불	X
경북대	의예과	종합	일반학생	1차불	X
동국대(WISE)	의예과	종합	참사랑	1차불	X
경희대	치의예과	종합	네오르네상스	최종합	O
고려대	바이오시스템 의과학부	종합	학업우수형	최종합	O

승재(가명)는 3년 동안 진로희망이 의사였고 의대를 희망했습니다. 하지만 소속 고교에서는 내신 2점 초반대에서 의대 진학 학종 사례가 없었기 때문에 치의예과와 일반학과를 병행해 지원했습니다. 인상적인 점은 졸업생 합격 사례가 없던 내신 등급이었음에도 의대를 4군데나 지원했다는 점입니다. 막연하게 운을 바리는 것이 아니라, 그만큼 자신이 열심히 노력한 것에

대한 자신감이 있었기에 가능한 선택이었습니다. 승재의 사례는 진정성 있게 노력한다면 자신의 주어진 상황 안에서 최선과 나름의 길을 만들어 나갈 수 있음을 보여줍니다.

이것도 궁금해요 의대 생기부로 치대도 합격할 수 있나요?

승재의 사례를 통해서 확인할 수 있는 점은 최상위권 대학들의 평가 기조는 소재중심적 전공 적합성 위주의 평가가 아닌 진로 역량 평가라는 점입니다. "의대 생기부로 치대에 합격할 수 있나요?"라는 질문을 한다는 것은 애초에 학종을 잘못 이해했을 가능성이 높습니다. 만약, "의대 관련 소재 중심적 생기부로 치대에 합격할 수 있나요?"라고 질문한다면, "어렵다."라고 답할 것입니다. 합격이 어려운 이유는 의대 관련 소재가 치대에 안 맞기 때문이 아니라, 역량과 강점의 부재가 원인일 수 있다는 점입니다. 생기부가 지나치게 소재 중심이라면 양적으로나 질적으로나 역량이 드러나기 쉽지 않습니다.

승재의 경우에는 의학 관련 소재지만, 어떤 탐구를 하더라도 심화 과정과 역량이 잘 드러났습니다. 이처럼 역량 중심의 의대 생기부라면 당연히 치대 합격도 가능합니다. 실제로 한양대 서류형 의예과와 서울대 일반전형 치의예과를 동시에 합격한 사례도 있습니다. 그리고 이런 역량 중심 평가 경향은 지역 대학보다는 수도권 주요 대학일수록 더 잘 나타납니다.

■ 연계 확장 주요 탐구활동

1~3학년 창의적체험활동 전반: 텔로미어와 관련한 탐구를 지속

1~2학년 진로활동: 미생물의 특성, 금속 종류에 따른 살균 효율 연구

1학년 통합과학: DNA 지문 검사

2학년 동아리: 세포자멸사, 헬라세포, 암의 발생과 치료의 어려움, BLM운동, 의료계 파업

2학년 진로활동: 코로나19 변이 바이러스와 백신의 유효성

2학년 생명과학Ⅰ: NK세포를 이용한 암 치료
3학년 화학Ⅱ: 효소 저해제 작용 원리, 의약품 활용
3학년 생명과학Ⅱ: 텔로머레이스와 말단 복제 문제
생기부 전반: 생명과학, 화학 관련 독서를 적극적으로 활용

■ 보완/강화되면 더 좋은 점

　의예과 입시가 어려운 이유는 높은 내신, 좋은 비교과, 높은 수능 최저 기준 통과 이 3가지가 '모두' 충족되어야 하기 때문입니다. 2점 초반으로 의대 일반전형으로 합격하기는 객관적으로 어려운 것이 사실입니다. 학종은 졸업생 합격, 불합격 데이터가 중요한 판단 준거로 작용하는데, 만약 소속 학교에서 그런 사례가 없다면 더더욱 그렇겠죠. 설령 해당 고교에서 2등급대 합격자가 있었다고 하더라도 매년 지원자 풀이 다르고 참고할 만한 선배들의 표본이 적다는 것이 또 다른 어려움입니다. 위에서 언급한 의예과 입시가 어려운 이유 3가지는 보편적으로 많이 언급되는 것이기도 한데, 4번째로 추가할 만한 어려움은 '적은 표본'입니다. 2등급대 합격자 자체가 없다는 점, 있어도 표본이 적다는 점이 지원할 대학을 선정하는 데 어려움을 겪게 합니다. 보통의 일반고라면 학종으로 의예과에 붙은 데이터가 없거나 손에 꼽을 만한 것이 현실입니다.

　승재는 특별히 보완할 점이 있는 사례는 아닙니다. 소속 학교에서 2등급대 합격자가 없었던 상황을 객관적으로 인식했기 때문에 치의예과와 일반 학과를 전략적으로 잘 병행했다고 할 수 있겠습니다.

Q 이것도 궁금해요
같은 고등학교에 다니는 두 학생이 같은 대학, 같은 학과(의치약한수)에 동시에 합격할 수 있나요?

가능합니다. 이는 실제로 수시 지원 시기에 3학년 학생들이 많이 걱정하는 부분입니다. '나보다 내신이나 비교과가 좋은 친구가 학종에서 나랑 같은 대학, 같은 학과를 지원하면 어떡하지?'하는 고민을 할 수 있습니다. 대학은 이런 경우에 어떻게 평가할까요? 확실하게 말할 수 있는 것은 고등학교별로 정원을 정해두고 평가하지는 않는다는 점입니다. 실제로 승재는 같은 고등학교에 다니는 친구와 함께 경희대 치의예과 네오르네상스 전형에 합격했습니다. 승재는 내신 2.11이었고 함께 합격한 다른 학생의 내신은 1.76이었습니다. 두 학생 모두 추가 합격이었는데 각각 예비 번호 11번, 9번으로 큰 차이가 없었습니다. 참고로 9번을 받았던 내신 1.76 학생은 연세대 치의예과 활동우수형에 합격해 등록했고, 예비 번호를 넘겨주는 역할을 하기도 했습니다.

심지어는 같은 고등학교 지원자 3명이 학종의 같은 모집단위에서 동시에 합격한 경우도 있었습니다. 이화여대 체육과학부 예체능서류전형(일종의 학종) 초기에 그런 사례도 있었습니다. 지원자 모두 강점이 뚜렷하다면 특목고, 자사고뿐만 아니라 일반고에서도 이런 일은 가능합니다.

다만, 일부 대학의 경우에는 같은 고등학교 지원자의 내신 분포와 생기부의 동일 문구를 확인하기도 합니다. 하지만 이것이 평가에 얼마나 반영될지는 확답을 하기 어렵습니다. 만약 이 학생에게서 인상적인 활동이라 생각했던 부분(해당 학교 프로그램)과 똑같이 기록된 다른 지원자가 있다면, 긍정적인 시너지가 나진 않겠지요. 물론 그렇다고 부정적인 평가로 이어진다고 말할 수도 없습니다. 승재와 친구는 연구 활동도 같이 했지만, 그 과정에서 역량이 서로 다르게 부각되었다고 볼 수 있습니다.

물론 동일 모집단위에 지원한 복수 학생의 속성이 지나치게 유사하거나, 활동 경험과 소재, 드러난 강점과 역할까지 유사하다면, 바람직한 일은 아닐 것입니다.

Case 04

수학 약점을 극복하고 약대를 휩쓴 다각형 인재인 다현

실제 사례

내신 평점: 1.51 자사고(5등급제 추정 1.16)　**수능**: 국수탐 백분위 평균 93%
수능 국수영탐탐 등급: 1/2/1/2/2　**최종 진학**: 경희대 약학과

대학	학과	전형	전형명	결과	수능 최저 통과
경희대	약학과	종합	네오르네상스	합	O
가톨릭대	약학과	종합	학교장추천	합	O
숙명여대	약학부	종합	면접형	최종합	없음
가천대	약학과	종합	가천의약학	합	O
덕성여대	약학과	종합	덕성인재II	최종합	없음
고려대	화학과	교과전형	학교추천	불	O

　다현(가명)이는 학종으로 지원한 약대 다섯 곳에 모두 합격한 사례입니다. 1학년 때부터 약학 소재에 매몰되지 않고 역량을 보여주었으며, 약을 소재로 하더라도 교과와 연계해 탐구하려 노력했습니다. 한마디로 전통적인 전공적합성이 아닌, 교과 기반 탐구에서 출발해 약학으로 진로 역량이 구체화된 사례입니다. 지적 호기심과 문제 해결 능력, 점진적 심화 경험 같은 역량이 생활기록부 전반에 뚜렷이 드러났기 때문에 상위권 약대 다섯 군데에 모

두 합격할 수 있었던 사례입니다.

다현이는 오히려 1학년 때는 약학이 아닌 생명 분야 진로를 희망했습니다. 그래서 과학 교과를 깊이 있게 학습하고 탐구하는 데 집중했지요. 많은 아이들이 '1학년 약학 → 2학년 생명, 화학'의 하향식 생기부가 되는 반면, 다현이는 '1학년 생명, 화학 → 2학년 약학'으로 구체화되고 심화된 사례입니다.

또한 다현이는 3년 내내 영어 내신이 1등급이었습니다. 자연계 학종에서는 일반적으로 수학, 과학 내신 다음으로 영어 내신이 중요합니다. 다현이의 경우 수학이 자사고 2.5등급이긴 하지만 약대 공부를 따라가지 못할 정도는 아니며, 오히려 영어 성적이 우수해 대학에서는 학생에게 충분한 역량이 있다고 판단하지 않았을까 생각합니다.

▌ 연계 확장 주요 탐구활동

1, 2학년 동아리(뇌과학동아리): 교과 연계 실험, 실험 후 추가 탐구

2학년 화학Ⅰ, 3학년 진로활동: 백신 접종 후 발열 시 아세트아미노펜 복용 권장에 대한 의문 제기와 후속 탐구

2학년 진로활동: 아나필락시스 관련해 면역계 작동 원리와 에피네프린의 화학 구조 탐구

3학년 동아리: 약물 중독, 마이크로바이옴, 나노포어법 탐구

생기부 전반: 교실 내 여러 교과에서의 멘토링과 다양한 공헌

▌ 세부능력 및 특기사항 예시

3학년 생명과학Ⅱ: 배움을 즐기는 과정에서 생산적인 질문을 끌어내는 학습자였기에 교사로서 가르치는 재미가 있는 학생임. 과학 교과 특성상

현재 차시에 학습하는 내용이 다른 교과나 차시에 연계되는 경우가 많은데 이러한 포인트를 적확하게 짚어 구조적인 공부를 할 수 있는 학생이라 생각됨. 예를 들면 생명과학Ⅰ에서 언급되었던 세포 호흡이나 세포막을 통한 물질의 이동 등에 대해 생명과학Ⅱ에서 그 원리를 깨닫고 희열을 느낌. 통합과학이나 물리, 화학 교과 등에 나오는 지식으로 학습 개념을 설명하며 질문할 때 교실 내에서 유일하게 대답하고 그보다 확장된 질문을 하는 학생이었음. 세포벽이 있는 원핵세포를 고장액이나 저장액에 넣으면 진핵세포 중 식물세포처럼 움직이게 될지 질문하는 등 교과서에서 생략하고 있는 설명에 대해서도 조건을 변화시키며 탐구해보는 것 또한 자주 시도함. 한편, 약학에 관심이 있어 '사이토크롬 P450과 약물 대사'라는 주제로 자유 탐구를 진행했으며 이 과정에서 본 교과에서 배운 지식을 십분 활용함. 관련 분야의 최신 연구를 담은 저널을 두루 찾아보며 스스로 지식을 확장해 가는 공부를 하는 모습이 타의 본이 됨. 학기말 '교과 학습에 도움을 준 친구'로 손꼽힘.

다현이의 경우 세특에서도 약학 소재가 있긴 하지만 교과 내용을 이해하고 확장하는 과정에서 다루어진 것이고, 무엇보다 대학에 진학해 어떤 공부를 하더라도 능동적이고 확장적으로 잘 해낼 것이라는 믿음이 잘 드러나 있습니다.

■ **보완/강화되면 더 좋은 점**

　전 과목 내신 평점은 1.51이지만 수학 평점이 2.5였기 때문에 약대 지원이 걱정되었을 것입니다. 그래서 조금 더 안정적인 방향으로 지원을 했고 결국 5개 대학을 합격한 결과를 얻게 되었죠. 그렇다면 다현이가 어떤 약대를 더 지원했더라면 좋았을까요? 학업 역량과 진로 역량뿐만 아니라 여러 분야에 다재다능하고 공동체 역량까지 돋보이는 보기 드문 인재로 중앙대 CAU융합형인재에도 적합할 것 같습니다. 물론 경희대 약대도 훌륭하지만 주요 약대 중 하나인 중앙대를 목표로 지원 스펙트럼을 조금 더 넓혔어도 좋았을 것 같습니다.

Case 05

한의사에게 필요한 역량이 무엇일까 고민하며 성장한 치영

가상의 사례

내신 평점: 1.67 일반고(5등급제 추정 1.24)　**수능**: 국수탐 백분위 평균 94%
수능 국수영탐탐 등급: 3/1/2/1/1　**최종 진학**: 가천대 한의예과

대학	학과	전형	전형명	결과	수능 최저 통과
경희대	한의예과	종합	네오르네상스	불	O
가천대	한의예과	종합	가천의약학	합	O
대전대	한의예과	종합	혜화인재전형	합	O
동국대(WISE)	한의예과	종합	지역인재전형	합	O
원광대	한의예과	종합	학생부종합전형	불	O
대구한의대	한의예과	종합	지역인재전형	합	O

　　지방 대학의 의치약한수 모집에는 지역인재전형이 있습니다. 해당 지역의 학생들만 지원 자격이 주어지는 전형으로, 입시 결과 측면에서 당연히 유리합니다. 치영이는 경북 지역 학생으로, 경북 지역의 동국대(WISE), 대구한의대 지역인재전형을 적극적으로 활용했고, 수능 최저 기준도 통과해 합격할 수 있었습니다. 전 과목 평점 1.67이면 교과전형으로는 확실히 합격이 어렵고, 일반 학종에서도 다소 애매한 위치인데, 지역인재전형의 이점 덕분

에 합격할 수 있었습니다. 이와 비슷한 사례가 꽤나 있는데, 그래서 '의치약한수를 가려면 지방으로 이사를 가라'는 말이 있고, 실제로 지방에 초등학교 5, 6학년생들의 전입이 늘었다는 소문도 있습니다.

치영이의 강점은 '한의예과에 필요한 역량이 무엇일까?'에 대한 고민과 더불어, 생각했던 역량을 기르려는 노력이 3년 동안 생기부에 충실히 드러났다는 것입니다. 특히 한의학이 양학과 어떤 점에서 다르고 상호보완적으로 서로가 어떤 기여를 할 수 있는지 고민하고 탐구한 흔적이 창체와 세특에서 보입니다. 그 덕분에 경희대, 가천대와 같이 의약한 클러스터가 잘 갖춰진 대학에서는 긍정적인 평가로 이어졌을 것입니다. 다만, 경희대는 한의예과 중 가장 우수한 대학으로 꼽힐 뿐만 아니라 서울 지역 유일한 한의예과이므로 내신과 비교과가 강세인 지원자가 많았을 것이라 봅니다.

치영이는 윤리적 삶을 추구하는 한의학도가 되고자 화학, 생명 중심의 과목 선택 이외에도 현대사회와 윤리(일반선택) 과목을 이수했습니다. 해당 과목에서 한의사가 처할 만한 윤리적 딜레마에 대해 고민한 흔적도 보입니다. 또한, 인상적인 것은 일반선택 '한문'과 진로선택 '한문 고전 읽기'를 택해서 열심히 공부했다는 점입니다. 한의학 공부에 필요한 것을 탐색해 보니 한문이 중요하다는 사실을 알게 되었기 때문이라고 합니다. 어쩌면 인문계적 속성이 가장 강한 의학계열 학과는 한의예과라고 생각했고, 그것을 해당 교과에서 여러 탐구와 발표, 학습을 통해 깨달은 흔적이 보입니다.

■ **연계 확장 주요 탐구활동**

1학년 전반: 여러 생명현상에 대한 실험과 탐구

1학년 진로활동: 한의학과 양학의 차이와 상호보완적 관계에 대한 탐구와 발표

2학년 진로활동: 우리 학교에는 한약으로 사용할 수 있는 식물이 있을지 의문을 갖고 탐구

2학년 현대사회와 윤리: 교과에서 배운 각 윤리 이론의 관점에서 의학 딜레마를 바라봄

2, 3학년 화학, 생명과학: 한의학에서 이뤄지는 진단과 치료의 과정을 화학 반응과 생명현상의 작용, 작동 기전으로 이해하기 위한 탐구와 발표

2, 3학년 한문: 한의학에서 사용되는 기초 한자와 한의학 관련 한문 탐독, 공부했던 사자성어가 한의학에서는 어떤 의미로 해석되는지 발표

3학년 영어: 2학년 때 접했던 한문을 영어로 번역. 번역 과정에서 어떤 제한이 있는지 알아보며 한의학에서 한문이 중요한 이유를 실제적으로 깨달음

■ **보완/강화되면 좋은 점**

 자연계열을 포함해서 의학계열에서는 실험이 중요합니다. 단편적인 실험보다 실험 과정과 결과를 토대로 의미 있는 피드백을 도출하여, 이를 개선하는 실험이 재차 이루어지면 더욱 좋습니다. 그것이 다음 학기, 학년도에 배운 내용으로 더욱 세밀해지고 강화된다면 더더욱 좋습니다. 치영이는 실험을 탐구 방법으로 활용한 적이 있지만, 이를 지속적으로 심화시키고자 하는 시도는 다소 부족해 보입니다.

이것도 궁금해요

Q 한의학 공부에서 한문이 필수일까요? 우리 학교는 한문 교과가 아예 개설되지 않는데, 이수하지 않으면 불리한 걸까요?

수년 전 학종에 대한 대학의 여론은 고등학교의 교육과정 설계가 대입에 영향을 주지 말아야 한다는 점에 동의하는 분위기였습니다. 그러나 최근 들어, '학생의 선택권을 존중하고 최대한 넓혀야 한다'는 여론이 조금씩 강해지기 시작했습니다. 이 말을 넓게 생각하자면 학교 교육과정 편제가 입시에 영향을 줄 수 있다는 것입니다. 대표적인 예로 이전 교육과정에서 자연계는 미적분, 인문계는 확률과통계 과목만 이수하도록 설계해 자연계 학생들이 확률과통계도 이수할 수 있는 경우를 막은 것입니다.

많은 대학과 자연계열의 학과에서는 '미적분, 기하, 확률과통계'를 모두 이수한 학생들로 지원자가 구성되어 있습니다. 3개를 모두 잘 이수한 학생만으로도 우수한 합격자들을 가려낼 수 있는데, 굳이 미이수자를 뽑을 이유가 크지 않을 수 있는 것입니다. 정말 압도적인 강점이 있지 않는 이상 말입니다. 2022 개정교육과정에서는 대수, 미적분Ⅰ, 확률과통계의 수능 범위를 넘어 미적분Ⅱ, 기하까지 이수하는 것이 최상위권 자연계에서는 무난한 선택지라고 할 수 있습니다.

하지만 이건 대학, 학과, 과목 간의 '정도'의 편차가 있고, 무엇보다 학생으로서 과목 미개설이라는 위기를 기회로 삼는 태도가 제일 중요합니다. 만약 소속 고교에 한문 교과가 없고, 일본어나 중국어 교과가 있다고 가정해 볼까요? 일본어, 중국어 교과에서도 한문에 대한 학습은 충분히 이루어질 수 있으며, 고전을 다루는 윤리, 국어 단원에서도 관련 탐구는 이어질 수 있습니다. 내가 동아리를 만들 수도 있고, 스스로 자율과제를 수행할 수도 있죠. '한문 교과를 듣고 싶었는데 없어서 이런 노력을 스스로 만들어 했다'라는 것이 생기부에 드러난다면, 어쩌면 이것이 더 매력적일 수 있습니다. 그러한 일환으로, 공동교육과정을 활용하기도 합니다. 우리 학교에서 열리지 않는 수업을 다른 학교나 지역 단위의 공동교육과정을 활용해 이수하는 것이죠. 실제로 여러 세미나나 모의 서류평가 등에서 공동교육과정을 비중 있게 언급하는 입학사정관들이 많습니다. 앞에서도 말했듯이, 학종은 주어진 환경만을 탓하기보다는 자신만의 길을 주체적으로 만들어 나가는 수단이자 기회임을 잊지 마세요.

Case 06

생명에서 수의예로 진로가 좁혀진 정호

실제 사례

내신 평점: 1.9 자사고(5등급제 추정 1.35) **수능**: 국수탐 백분위 평균 92%
수능 국수영탐탐 등급: 2/2/1/1/3 **최종 진학**: 서울대 수의예과

대학	학과	전형	전형명	결과	수능 최저 통과
서울대	수의예과	종합	일반전형	합	없음
건국대	수의예과	종합	KU자기추천	불	없음
경북대	수의예과	종합	일반학생	불	O
충남대	수의예과	종합	프리즘인재	불	O
고려대	생명과학부	종합	학업우수형	합	O
성균관대	자연과학계열	종합	융합형	합	없음

정호(가명)는 1학년 때부터 어설프게 수의학 탐구를 하지 않았습니다. 오히려 생명과학에 대한 풍부한 관심, 전 교과에서 드러나는 성실한 태도, 지적 호기심, 탐구력을 바탕으로 역량을 준비했습니다. 쉽게 말해 '수의예 → 생명'으로 진로가 흘러간 게 아니라 '생명 → 수의예'로 심화되고 구체화한 사례라 할 수 있습니다.

1학년 세특에 주로 언급된 역량과 태도로는 설득력, 세밀한 발표력, 도진

하는 자세, 경청, 질문과 발문에 적극적인 대답, (역사 교과에서도)교과에 대한 관심, 열정, 정리 능력 등과 같은 역량이 드러납니다. 1학년 때 이미 다양한 역량들이 드러났고, 이 역량은 2학년 때부터 고스란히 수의학 관련 탐구로 구체화되고 심화되어 빛을 발휘했습니다. 수의학 소재만 가득하고 역량은 없는 경우보다 여러모로 훨씬 바람직합니다.

또한, 풍부한 독서활동으로 주도적 과학 탐구 역량과 관심도 잘 보입니다. 이 점은 창체, 세특뿐만 아니라 담임 선생님이 기록하는 '행동특성 및 종합의견'에도 확신을 주었을 것입니다. 특히 독서를 중요시하는 서울대에서는 이 점에 대해 긍정적인 평가를 했을 가능성이 높습니다.

정호는 탐구 역량뿐만 아니라 '동물'에 대한 애정과 진정성, 실험 정신도 유난히 돋보였습니다. 어느 정도냐면 입시 설명회 이후 상담 시간에 정호 어머님께서 걱정 가득한 눈으로 "정호가 집에서 실험을 하겠다고 뱀을 키워요. 3학년이 공부해야 되는데 이러고 있어도 되나요?"라고 질문하시는 겁니다. 저는 정호가 어떤 아이인지 익히 알고 있던 터라, 그만큼 의미 있는 결과물이 나올 것이라 기대하고 걱정 안 하셔도 된다고 대답했습니다. 고맙게도 정호는 기대 만큼 좋은 결과를 내주었습니다.

사실 실험 성과 여부는 중요하지 않습니다. 중요한 점은 정호가 주도적으로 설계한 내용이, 사실 인터넷에서 긁어와서 정리하고 보고서를 제출한 것보다 훨씬 의미있다는 것입니다. 동물에 대한 애정과 진정성이 돋보이니까요.

물론 그렇다고 수의예과에 가기 위해서는 '뱀이나 특이한 동물을 키워야 된다'라고 일반화하면 안 됩니다. 왜 그런 실험을 설계하게 되었는지, 그 과정에서 어떤 것들을 배웠는지가 잘 드러나지 않거나 학생의 역량이 드러나지 않으면 별 의미가 없기 때문입니다.

관심과 역량 중에 더 중요한 부분

만약 수의예과 교수(위촉사정관)라면 수의학에 관심이 많은 학생과 자연과학적 역량이 뛰어난 학생 중 어느 쪽을 우선 순위로 두고 학생을 선발하고 싶을까요? 조금 더 직관적으로 표현하면, 관심은 많지만 역량이 모자란 학생과 역량은 뛰어나지만 관심이 드러나지 않은 학생 중 누구를 뽑고 싶을까요?

대학은 후자(역량 중심)의 학생을 뽑고 싶어 합니다. 특히 최상위권 대학일수록 그런 기조가 강하죠. '선발'보다는 '모집'의 성격이 강한 대학일수록 전공적합성, 소재 중심적 탐구에 여전히 관심을 강하게 가지는 경우도 아직 있으나, 학생들이 원하는 상위권 대학일수록 그렇지 않을 확률이 높습니다. 그런데 아직도 고등학교 현장에서는 1학년 때, 의치약한수를 꿈꾸며 관련 소재로 열심히 탐구하다가 1학년 내신이 안 좋아서 애매해지는 경우가 종종 있습니다. 의치약한수를 지원하기에는 애매한 내신인데, 해당 소재가 가득한 생기부를 활용하고자 생명 분야로 진로를 선택하는 학생이 많고, 이보다 내신이 안 되면 식품, 보건 관련 학과를 생각하게 됩니다. 그러면서 본인의 진로도, 입시도 모두 어그러질 위험이 있습니다. 학종은 꿈을 찾는 과정인데, 꿈을 잃어가는 과정이 되어서는 안 됩니다.

생명과학조차 제대로 배운 적 없는 고등학교 1학년이 무슨 수의학 관련 탐구를 거창하게 할 수 있을까요? 수박 겉핥기식이 될 수밖에 없습니다. 관심을 보일 수는 있어도 역량은 드러나지 않습니다.

▌연계 확장 주요 탐구활동

1학년 동아리: 과학 독서(주로 생명과학) 후 토론, 다양하게 표현, 추천 글 작성해보기 등

1학년 진로활동: 유전자 치료 탐구 및 발표

2학년 자율활동: 장애인 이해 예배 이후 동물재활공학사에 대한 진로 탐색

2학년 동아리: 유전자 치료에 대한 찬반 토론, 후속 탐구

2학년 진로활동: A형 인플루엔자 바이러스의 종간 간염으로 인한 팬데믹 및 병독성 탐구

3학년 자율활동: 유전자 치료법과 다른 치료법 비교에 대한 포스터 제작 및 게시

3학년 동아리: 뱀의 인지능력 실험

3학년 진로활동: 인수공통 전염병과 동물 윤리에 대한 탐구와 제안

3학년 진로활동: 동물복지 관련 실태조사 분석

정호가 탐구활동에 어떤 소재를 다루었는지 참고하는 것도 좋지만, 세특에서 역량이 어떻게 드러나는지를 집중적으로 살펴보면 좋습니다.

▌세특 예시

3학년 생명과학Ⅱ: 항상 앞자리를 고수하며 바른 학습 태도를 보임. 공부하면서 생긴 질문을 주위 친구들과 적극적으로 나누면서 흡사 연구 공동체와 같은 면모를 드러냄. 특히 원핵세포에 대해 배우면서 궁금했던 점은 폭넓은 자료 조사를 수행함. 해당 내용은 원핵세포에 막성 세포 소기관이 없는데 ATP를 생산하는 미토콘드리아가 없다면 에너지를 어떤 방식으로 얻는지 궁금해져서 추가 조사를 해본 것임. 이 과정에서 원핵세포는 세포막에 있는 전자전달계를 통해 직접 ATP를 생산한다는 것을 알게 되면서, 다양한 환경에서 서식하는 원핵세포에 대해 확장해 탐구하고

자 했음. 또한 광합성을 배우면서는 어떤 생물이든 자가 영양을 하게 되거나 ATP를 스스로 합성할 수 있게 하는 유전자를 삽입해 발현시킨다면 식량 혁명이 되지 않을까 하는 생각을 하게 됨. 이러한 유전자를 재조합 기술 등을 통해 삽입할 수 있다면 발현과 조절이 가능할 것인지도 유추해 봄. 또한 인수 공통 감염 바이러스에 관심이 있어 감염 기작에 대해서 알아볼 때도 유전자의 발현 관련 지식을 활용해 창의적 생각을 이어가는 모습을 볼 수 있었음. 다소 엉뚱할 수 있는 호기심도 최대한 과학적 근거를 가지고 생각해보려는 태도가 있어 그 점을 높이 평가함.

위 특기사항을 보면 정호가 왜 서류 평가에서 긍정적인 평가를 받았는지 또, 서울대 일반전형 수의예과 면접에 붙은 이유가 무엇인지 납득이 됩니다. 1학년 때부터 독서 토론을 하고, '연구 공동체'에 관한 면모를 보이며 자신의 창의적 생각을 말하고, 나름의 논리적 근거를 말하는 모습은 MMI 면접에서 선발하고 싶은 인재상이었을 겁니다.

■ 보완/강화되면 좋은 점

정호가 건국대 수의예과에 불합격한 가장 큰 원인은 부족한 내신 때문이었을 것입니다. 아무리 자사고라도 그 해에 유독 높은 내신을 들고 오는 지원자가 많다면, 1점 후반대 내신은 경쟁력이 부족할 수 있습니다. 또한, 수의대는 학교 수 자체가 적기 때문에 해당 대학의 수의대에서 교수들이 어떤 연구를 했는지 등 동향을 살펴보고 본인의 탐구와 연관된 지점을 찾는다면 여러모로 도움이 될 수 있습니다.

Q 이것도 궁금해요   수의예과를 가려면 유기 동물 관련 봉사가 필요한가요?

정호는 유기 동물과 관련한 봉사활동을 한 적이 없습니다. 심지어 2학년에는 봉사 4시간, 3학년은 4시간으로 학교에서 주어지는 기본 봉사시간만 이수했죠. 흔히 '의대, 수의대는 봉사정신이 중요한 거 아닌가?'라는 궁금증이 듭니다. 인성적 모습이 중요하지 않다는 것이 아니라, 그것이 꼭 봉사로 나타나야 할 필요는 없다는 것이 핵심입니다.

한때 수의예과에 가려면 유기 동물 관련 봉사를 해야 한다는 분위기가 있었습니다. 하지만 이는 오해입니다. 봉사가 아니라 다른 활동과 경험으로도 관련 공동체 역량이나 인성적인 부분이 생기부에서 드러날 수 있기 때문입니다. 물론, 당연히 봉사활동이라는 경험 자체는 학생의 내면 정서에 도움이 될 뿐만 아니라 매우 교육적이고 가치 있는 일이 맞습니다. 그것이 드러나지 않는 것이 문제지요. 하지만 입시에서 봉사 자체로는 큰 의미를 갖기 어렵습니다.

봉사 경험이 입시에 도움이 되려면 어떤 동기를 가졌던 것인지, 그 과정에서 무엇을 배웠는지, 또 그것이 학교 생활에서 다른 활동으로 어떻게 연계되었고 확장되어 의미가 있었는지가 중요합니다. 정호의 '뱀 실험'도 마찬가지입니다. 뱀 실험 자체가 중요한 것이 아니라 그걸 하기까지의 성장 과정과 역량이 얼마나 드러나는지가 중요한 것이죠.

Case 07

신소재와 의류학 병행에 성공한 융합형 인재인 세정

실제 사례

내신 평점: 2.08 자사고(5등급제 추정 1.44) **수능**: 국수탐 백분위 평균 90%
수능 국수영탐탐 등급: 2/2/2/3/3 **최종 진학**: 서울대 의류학과

대학	학과	전형	전형명	결과	수능 최저 통과
서울대	의류학과	종합	일반전형	최종합	없음
고려대	가정교육과	교과	학교장추천	최종합	O
고려대	신소재공학부	종합	학업우수형	1차합	X
연세대	의류환경학과	종합	활동우수형	불	O
서강대	화공생명공학전공	종합	일반	불	없음
이화여대	화공신소재공학전공	종합	미래인재전형	최종합	O

세정(가명)이는 지원 학과의 다양화 및 구체화에 성공한 대표적인 사례입니다. 세정이의 경우 처음에는 화학 기반으로 신소재공학과를 희망했으나, 본인의 역량과 관심을 살려 의류학 분야도 병행 지원했습니다. 특이한 점은 이러한 병행 지원 전략을 3학년 때 생각한 게 아니라, 1~2학년 때부터 점진적으로 구상했다는 점입니다. 만약 3학년 때부터 구상했다면 진정성 측면뿐만 아니라 탐구의 확장 정도가 드러나지 않았을 것입니다.

세정이는 자연계열에 뛰어난 학업 역량뿐만 아니라 관심 분야에 대한 인문사회적 접근과 더불어 디자인까지 총망라하는 융합적인 탐구와 사고가 잘 드러난 사례입니다. 실제로 생기부 곳곳에 통합적 역량, 융합적 사고력 등이 뛰어나다는 평이 많으며, 더불어 그림을 잘 그린다는 평도 곁들여 있는 점이 인상적입니다.

생기부가 신소재나 의류 관련 소재가 나열된 것에 그치지 않고 교과 역량이 강조되었기에 최상위권 대학의 평가 기조에도 부합했습니다. 세정이가 서울대를 합격할 수 있었던 또 다른 비결은 풍부한 자연계열 독서를 기반으로 여러 탐구를 확장해 나갔다는 점입니다. 무엇보다 세정이는 서울대 일반전형 제시문 면접에서 뛰어난 역량을 보였습니다. 대부분의 학생들이 주제 발표를 할 때 스크립트를 읽는 수준이거나 교사의 질문에 당황하기 마련인데, 세정이는 발표 준비에 진정성이 보였고 제대로 내용을 깊이 이해하고 발표했다는 것이 생기부에 잘 드러났습니다.

또한, 학생들이 꺼려하는 분리수거를 자원하고 친구들의 질문을 잘 받아준다는 점 등이 자율활동을 비롯해 생기부 전반에 공동체 역량으로 부각되었습니다. '항상 성실한 태도로 수업에 임해 교사의 수업이 원활하게 진행되는 데 일조함', '수업시간에 적극적으로 참여하며 영어로 자신의 의견을 나누고 수업에 열의를 보임'과 같은 표현이 다소 진부해 보여도 3년 간 여러 명의 교과 교사가 입을 모아 칭찬하기란 쉬운 일이 아닙니다. 성실하고 주도적인 사람이라는 일관된 평가는 분명 긍정적으로 작용했을 것입니다. 또 학교 생활에 열심인 모습은 총학생회 부장 활동에서도 드러납니다.

학과의 다양화 및 구체화 시 유의할 점

세정이의 사례를 보고, 단순히 화학에 관심이 있는데 의류학 관련 탐구를 하면서 의류학을 병행하면 된다고 일반화하면 위험합니다. 세정이는 디자인 역량이 뛰어나고, 해당 분야에 대한 관심도 높았으며, 공부까지 잘한 사례입니다. 실제로 서울대 의류학과는 당연하게도 드로잉과 일러스트레이션 등 각종 디자인 수업의 비중이 큽니다. 수학, 과학을 좋아하지만 미술과는 아주 거리가 있는 학생에게는 어울리지 않는 접근이겠지요.

입시를 기술적으로 접근하게 되는 게 어쩔 수 없는 현실이라 해도, 결국 여기서 말하고자 하는 바는 '내가 관심있는 것'과 '내가 가진 역량'들을 어떻게 조합해 진학할 수 있는 새로운(내가 모르던) 학과를 발굴할 수 있을지 알아야 한다는 점입니다. 그런 점에서 학종은 나를 알아가는 전형이라고도 할 수 있습니다.

■ 연계 확장 주요 탐구활동

2~3학년 진로활동: 폐의류를 이용한 섬유질 단열재의 열 성능 연구. 생체 모방 기술, 웨어러블 기기, 스마트 IT 의류 등에 대한 탐구

2학년 수학 동아리: 수학 시간에 배웠던 경우의 수 단원과 연계해 RGB 색공간에 대해 발표

2학년 기하: 공간도형과 화학을 연계해 원자들의 공간격자, 입방구조에 따른 충진율에 대해 조사하고 발표

2학년 미술: 탄소 동소체들의 다양한 구조를 이용해 'C-Accessory Set'라는 제목으로 주얼리 세트를 디자인

■ 자율활동, 세특 예시

자율활동: 뛰어난 친구로 꼽힘. 친구들이 질문할 때 잘 가르쳐주어 항상 많은 질문을 받음. 장기결석한 친구에게 따뜻한 격려와 함께 자신이 공부한 내용을 모두 보여주며 진도를 따라갈 수 있도록 돕는 배려심을 보여

줌. 공부뿐만 아니라 그림도 매우 잘 그려서 친구들 사이에 모든 것이 만능인 친구라고 불림.

진로활동: 인간의 감성과 미학뿐만 아니라 편리성, 유용성을 고려하며, 여기에 수, 과학적 논리성과 체계성을 발휘하는 모습에서 통합적 역량이 발휘되므로 매우 기대되는 학생임.

2학년 미술: 디자인-화학에 관심이 많아 탄소 동소체들의 다양한 구조를 이용해 'C-Accessory Set'라는 제목으로 쥬얼리 세트를 디자인했음. 수많은 탄소의 각기 다른 배열과 구조를 통해 만들어진 그래핀, 다이아몬드, 풀러렌, 흑연 같은 탄소동소체들의 구조를 이용해 실용적이면서도 심미적인 상품을 구상했음.

2학년 기하: 공간도형과 화학을 연계해 원자들의 공간격자, 입방구조에 따른 충진율에 대해 조사하고 발표함. 입방구조를 세분화해 SC, FCC, BCC 구조를 갖는 원자의 예시와 함께 각 구조의 원자 개수, 또 그에 따른 원자의 충진율을 직접 계산하며 충진율에 따라 달라지는 물질의 특성을 정리함. 이와 더불어 기하 과목이 그 자체로도 흥미롭지만 다른 과목과 긴밀히 연계되어 있음을 강조함. 교사의 질문에 당황하지 않고 대답하는 것을 보아 충분히 이해하고 발표함을 알 수 있음.

3학년 물리학 II: 타고난 이해력과 사고력이 우수하며, 거기에 더해 근면하고 성실한 학습 자세를 갖췄기에 학급에서 가장 기대가 되는 학생임. 항상 기대 이상의 결과와 과제물을 제출함. 트랜지스터, 전자기유도, RLC 교류회로, 전자기파 송수신 원리에 대해 흥미를 가지고 집중해 학습함. 특히 전기회로의 소형화에 혁신적 영향을 미친 트랜지스터에 주목하고 스스로 추가 자료를 조사해 섬유형 트랜지스터를 접하고 그 내용을 자세히 정리함. 전도성 실 위에 1회 코딩으로 전계효과 트랜지스터를 제작하게 되는 원리를 이해했고, 전도성 섬유의 구조와 성능 등을 실험 자료 및 데이터를 근거로 이해한 점에서 물리학적 우수성이 엿보임. 이를 활용한 웨어러블 제품의 상용화를 생각해봄. 전자기학을 집대성한 맥스웰 방정식의 가치를 느끼고 내용을 정리함. 수업시간에 학습한 쿨롱법칙, 앙페르법칙, 패러데이법칙을 근거로 맥스웰 방정식의 물리학적 의미를 이해하고, 특히 적분형 맥스웰 방정식의 수학적 표현 방식과 그 의미를 이해함. 순환적분을 토대로 물리학의 전기장, 자기장을 활용해 맥스웰 방정식의 의미를 다각도로 짚어 봄. 개념 탐구 과정에서 물리학적, 수학적 기량이 매우 뛰어나며 통섭적 사고가 돋보이는 학생임.

▍보완/강화되면 좋은 점

최상위권 내신대의 학생들이 3학년까지 내신과 비교과를 충실하게 수행하느라 수능에서 기대한 만큼보다 성적이 안 나오는 경우가 간혹 있습니다. 세정이의 경우 역시 높은 수능최저기준을 통과할 수 있다면 더 기회가 많았을 수 있겠지요.

이것도 궁금해요

Q 의류학과는 문과일까요, 이과일까요, 예체능일까요? 전형에 실기가 있을까요?

결론부터 말하면 대학마다 다르고, 그만큼 융합적 속성이 강한 학과입니다. 서울대 의류학과는 생활과학대학 소속입니다. 타 단과대에 비해 인문, 자연계열 학생들이 상대적으로 편중되지 않는 단과대입니다. 가장 중요한 점은 의류학과 일반전형은 대부분의 학과와 다르게 제시문 면접 시 시험 과목을 두 가지 유형 중에서 본인이 선택할 수 있습니다. 위 학생은 아래 ① 유형으로 시험을 치렀고, 당연히 실제로 ② 유형으로 해당 학과에 진학한 학생들도 있습니다.

① 화학, 생명과학
② 사회과학, 수학(인문)

아이가 문과 속성인지 이과 속성인지, 융합적 속성이 얼마나 강한지는 다음의 4가지를 살펴보면 알 수 있습니다(면접 과목이 다른 점은 서울대만의 특수한 방식입니다).

1. 학과명
2. 소속 단과대학(대학의 분류)
3. 선발전형
4. 교과 선택과목 권장
5. 수능 반영 과목

　이화여대 신산업융합대학의 의류산업학과는 경영이나 마케팅 전공 느낌이 나는 단과대학 이름에서도 알 수 있듯이 문과적 속성이 강한 편입니다. 모집요강에서도 '인문'으로 분류됩니다. 수시와 정시 모두 실기 전형으로는 모집인원이 없으며 수시에서는 교과, 학종, 논술로 고루 뽑고, 대다수 학생들이 인문계 출신일 것으로 예상됩니다. 물론 이 학과에서도 소재나 디자인 수업이 당연히 있습니다.
　경희대 예술디자인대학의 의류디자인학도 단과대와 학과의 이름에서 느껴지듯이 예체능(디자인) 속성이 강합니다. 재미있는 것은 수시, 정시 모두 실기전형이 있지만 각각 교과와 학종, 수능 위주로도 뽑는다는 점입니다. 실기를 준비해온 예체능 학생들도 있겠지만, 일반 학생들도 그만큼 합격할 수 있는 기회가 있다는 뜻입니다.

Case 08

3년간 극지만 파고 관련 연구로 특이학과에 합격한 영빈

실제 사례

내신 평점: 5.35 자사고(5등급제 추정 3.08)　**수능**: 국수탐 백분위 평균 63%
수능 국수영탐탐 등급: 4/4/3/6/3　**최종 진학**: 인천대 해양학과

대학	학과	전형	전형명	결과	수능 최저 통과
건국대	사회환경공학부	종합	KU자기추천	1차불	없음
동국대	건설환경공학과	종합	Do Dream	1차불	없음
인하대	해양과학과	종합	인하미래인재	1차불	없음
인천대	해양학과	종합	자기추천	최종합	없음
부산대	대기환경과학과	종합	학생부종합	불	O
한양대 (에리카)	해양융합공학과	종합	학생부종합	불	없음

영빈(가명)이는 남극기지 연구원을 꿈꾸는 학생으로, 3년 동안 여러 교과 탐구 및 활동을 통해 극지(남극, 북극 지역)에 대해 점진적으로 탐구한 특이한 사례입니다. 인천대를 합격하기에는 내신이 부족했지만 해당 분야에 대한 관심과 주도성은 1~2등급대 학생들보다 훨씬 뚜렷했습니다. 최상위권 대학의 서류평가 기조와는 다소 맞지 않지만 수도권 대학 라인을 놓고 봤을 때

전통적인 전공적합성 측면에서 희소학과라고 할 수 있는 해양학과에서 반겼을 것이라 생각합니다. 경기도 지역 대학만 해도 선발 대학과 모집 대학의 경계선에 있는 대학들이 많고, 비인기학과의 경우(특히 정시에서) 입시 결과에 맞춰 진학하고 난 후 중도 탈락(반수, 자퇴, 전과 등)하는 학생이 허다합니다. 교수 입장에서는 선발하려는 학생이 비슷비슷한 역량이라면 끝까지 관심을 갖고 잘 다닐 학생이 더 좋지 않을까요? 이런 현상은 지역 대학에서 더욱 뚜렷한 편입니다.

영빈이는 전공적합성이 아주 우수한 학생으로, 내신은 낮지만 타 지원자들과 비교했을 때 해양학과에 대한 학문적 관심과 자기주도성이 압도적으로 차이가 났습니다. 막연한 관심과 기초적인 탐구 수준을 넘어 구체적인 탐구와 나름의 성과들이 생기부 전반에 걸쳐 고루 보였습니다.

■ 연계 확장 주요 탐구활동

1학년 통합과학: '펭귄이 왜 남극에 사는지?' 의문에서 탐구 시작

2학년 수학I, 확률과통계: 기상예보 신뢰도 관련 탐구

2학년 생명과학I: '길고양이, 생태계 교란종일까? 질문에서 탐구 시작

2학년 동아리: 길고양이 관련 돌봄 활동

2학년 진로활동: 소프넛의 효과 확인 실험과 보편적 활용 가능성 연구

3학년 동아리: 날씨 발현의 원인을 찾는 습관이 드러남

1~3학년 진로활동: 극지 관련 탐구를 확장적으로 이어감

■ 창체 특기사항 예시

2학년 동아리 활동: KIMC회장으로 올해부터 채택된 새로운 회의방식(UNA_

USA)에 대한 가이드라인 영상 및 책자를 제작해 동아리 회원들에게 설명함. '코로나19로부터 소수자를 보호할 방안'을 주제로 한 회의에서 WHO 위원회 의장으로서 대사들의 결의안 작성을 돕고 회의를 진행했음. 여름방학워크숍에서 볼리비아 대사로서 '아마존 우림의 환경 보호가 가능한 국제 사회적 방안 모색'이란 주제로 환경오염에 관한 심각성에 대해 토론함. 진로관련 주제 발표에서 지구과학을 전공해 환경오염의 심각성을 알리는 사람이 되고 싶은 진로 계획을 발표함. UNHRC 위원회에서 '아동 난민의 교육권 보호를 위한 방안'을 주제로 회의를 주최하고 의장단으로 활동함. 각 국가의 코로나 방역 진행 상황을 알리는 뉴스라는 동아리 발표를 기획, 총괄하며 PPT 및 소품, 동영상 제작과 같은 세밀한 업무도 담당함. 활달하고 적극적으로 매사를 잘 처리하며 모범을 보이는 리더십으로 1년간 동아리를 책임 있게 이끌어 동료나 후배로부터 신뢰를 얻음.

3학년 자율활동: 교실에서 처리가 되지 않은 일이 눈에는 보이지만 내 담당이 아니어서 다들 나서지 않는 상황에서 늘 기쁜 마음으로 처리하는 학생임. 예를 들어, 주변이 수업 전까지 칠판을 깨끗이 지우지 않으면 본인이 나서고, 코로나 관련 사항으로 오랫동안 등교하지 못하는 학생의 역할까지 자진해 처리함.
청소대장으로 한 학기 동안 일주일에 한 번 청소를 감독, 총괄하는 역할을 성실히 수행함. 구성원들에게 청소 역할을 적절히 분배해 효율적으로 진행되고 청결한 교실을 만드는 데 크게 기여함. '이 친구를 칭찬합시다'라는 학급 코너에서도 항상 자발적으로 학급에 공헌하고 학급과 수업 분

위기를 밝게 한다는 칭찬을 여러 학생들로부터 많이 받음.

영빈이의 경우 동아리 활동과 자율활동 특기사항에서 나타난 공동체 역량, 리더십, 인성, 성실한 모습은 창체, 세특, 행동특성 및 종합의견 등 생활기록부 전반에 걸쳐 잘 드러났습니다. 학업 역량, 진로 역량, 공동체 역량 중 공동체 역량이 지원자 간 편차가 가장 적은 것은 사실이나, 3년 동안 수십 명의 교사가 입을 모아 사례와 함께 칭찬할 정도라면 공동체 역량에서도 매우 긍정적인 평가를 받았으리라 생각합니다. 교수 입장에서도 공동체 분위기를 흐리기보다는 긍정적인 태도로 구성원을 이끄는 학생을 선호할 수밖에 없겠죠? 특히 중도탈락율이 높은 대학과 학과일수록 그럴 가능성이 높습니다.

■ 보완/강화되면 더 좋은 점

모집단위별로 이수과목의 제한이 점점 완화되는 추세이지만, 자연계 교수들 입장에서는 당연히 학생이 수학, 과학을 충분히 공부하고 오길 바랄 것입니다. 영빈이는 자연계 학생임에도 불구하고 미적분을 이수하지 않은 점이 가장 아쉬웠습니다. 만약 미적분을 이수했고 등급도 2~3등급 정도로 괜찮게 나왔다면 건국대, 동국대, 인하대에서는 1차 합격으로 면접의 기회가 찾아올 수 있었을 것입니다.

Case 09

지구과학과 지리를 융합한
통섭적 인재인 지민

실제 사례

내신 평점: 1.91 자사고(5등급제 추정 1.27) **수능**: 국수탐 백분위 평균 91%
수능 국수영탐탐 등급: 2/1/2/2/3 **최종 진학**: 서울대 지구과학교육과

대학	학과	전형	전형명	결과	수능 최저 통과
서울대	지구과학교육과	종합	일반전형	합	없음
고려대	지구환경과학과	교과	학교장추천	불	O
고려대	지구환경과학과	종합	학업우수형	1차합	O
연세대	지구시스템과학과	종합	활동우수형	합	O
이화여대	과학교육과	종합	미래인재전형	합	O
이화여대	과학교육과	교과	학교추천	불	없음

지민(가명)이는 1학년 때부터 천문학, 지구과학 진로에 관심을 갖고 필요한 역량을 쌓기 위해 다방면으로 노력한 우수한 학생입니다. 특히 내신 평점 전 과목 1.91로 자사고에서도 우수한 편인데, 더 나아가 수학 1.46, 과학 1.81로 더 탁월합니다. 인상적인 것은 지구과학 분야에 대한 막연한 관심만 큰 것이 아니라, 실제 성적과 역량에서도 그것이 부각되었다는 점입니다. 또한, 교육과정의 본질과 취지에 부합하는 좋은 사례로 '성적을 잘 받으려면

어떤 과목을 선택하는 게 좋을까?'라는 현실적인 고민에 그쳐 과목을 선택한 것이 아니라, '본인의 진로 역량 강화와 이전 활동의 점진적 심화에 어떤 과목이 도움을 줄 수 있는지'의 관점으로 '세계지리' 과목을 선택했습니다. 3학년 때 적은 인원이 이수하는 과목임에도 선택했고 아주 좋은 성적을 받았습니다.

과목명	이수 학기	등급/성취도	이수자 수/A비율	원점수
지구과학 I	2학년 1학기	1등급	77명	93
	2학년 2학기	1등급	81명	96
지구과학 II	3학년 1학기	A	27%	94
세계지리	3학년 1학기	1등급	19명	98

(3학년 2학기는 재학생 미반영이므로 생략)

표에서 확인할 수 있듯이 등급과 성취도가 훌륭할 뿐만 아니라, 이수자 수와 A 비율[1]이 적은 상태에서 얻어냈다는 점에서 매우 인상적입니다. 세계지리는 무려 인문계 학생들을 제치고 1등을 했습니다. 또한, 지민이는 원점수도 대체로 좋은 편이라, 타 학과는 물론 지구과학 관련 학과에서 좋아할 수밖에 없는 성적표입니다. 관련 교과 성적이 이렇게 좋은데 비교과에서도 여러 역량과 선생님들의 긍정적인 평가 일색이라, 1점 후반대 내신으로 서울대에 붙은 것이 어쩌면 당연한 결과인 것처럼 보입니다.

물론 교사에 대한 관심이 교과 역량에 비해 많이 부각되지는 않았습니

---

1 성취도 A를 받은 학생의 비율을 의미합니다. 만약, 어떤 학생이 A 비율이 낮은 과목에서(그만큼 어렵게 출제되었다는 뜻) A를 받았다면 더욱 의미 있는 A로 평가될 수도 있습니다. 하지만 이는 학교 유형과 상황에 따라 다르므로 성급한 일반화일 수 있습니다. 학력 수준이 전반적으로 매우 낮다면, 어렵게 출제하지 않더라도 A 비율이 낮을 수 있기 때문입니다.

다. 하지만 어설프게 교육 관련된 활동으로 생기부 글자수만 잡아먹는 것보다는 훨씬 낫습니다. 지구과학교육과에서는 교육에 대한 관심도 의미가 없는 것은 아니지만 수학, 과학, 특히 지구과학에서 드러나는 역량이 훨씬 중요하기 때문입니다.

■ 연계 확장 주요 탐구활동

1학년 자율활동: '한 사람의 작은 변화로부터 세상을 바꾸는 변화가 시작한다'는 내용을 듣고 '바람직한 학교 문화 만들기'라는 주제로 자신이 속한 집단인 학교의 변화를 주도하려고 토론해 프로젝트를 계획, 운영

1학년 진로활동: 미적분학, 우주수치계산 등의 과목을 소개. 이를 통해 본인의 향후 학습 및 진로 계획 수립

1학년 진로활동: '외계 행성 탐사 방법과 생명 가능 지대' 내용의 글쓰기

2학년 동아리: 영화와 블랙홀 관련 탐구를 진행

2학년 동아리: 이중슬릿 실험 설계 및 진행

2학년 진로활동: 《우주쓰레기가 온다(갈매나무)》를 읽고 탐구 및 발표

2학년 진로활동: '인공신경망과 미적분학' 교육 참여 및 탐구. 천문학 분야에서의 인공지능 및 코딩 활용 방안을 탐색

2학년 진로활동: 《빅뱅 쫌 아는 10대(풀빛)》를 읽으면서 '별 내부의 핵융합 반응과 핵융합' 탐구. 핵융합 발전 상용화에 따른 환경오염 감소와 플라스마 연구에 대해 탐구

3학년 자율활동: 학교폭력예방교육을 듣고, 사이버폭력에 관한 탐구를 진행

3학년 자율활동: 동아시아 해양의 영유권 분쟁을 보며 '해저의 자원 분포를 어떻게 알아낼 수 있을까?'라는 궁금증이 생겨서 관련 논문을 참고해 '석유탐사에 활용되는 물리 탐사'를 주제로 석유 집유 구조와 중력 탐사, 탄성파 탐사에 대해 소개하는 글을 학급에 게시

3학년 세계지리: '자원이 있는 것은 어떻게 발견할까?'에 대한 의문을 갖고 탐구

3학년 세계지리: 푄 현상에 대한 심층 탐구

■ 생활기록부에서 드러나는 한 학생에 대한 교사들의 평가 예시

1학년 수학: 수학에 대한 순수한 탐구심과 실력 향상에 대한 강한 의지, 자기주도적 학습 태도가 돋보이는 학생임. 대수적, 기하적 표현이 유연하며 풀이 과정이 분석적, 논리적임.

1학년 과학탐구실험: 문제 상황을 바르게 인식해 해결책을 제시하며 자기 생각을 논리적으로 정리하고 과학자 같은 면모가 보이는 학생임.

1학년 국어: 성찰에 깊이가 있으며 끈기 있게 노력하는 모습이 글에 고스란히 드러남.

1학년 행동특성 및 종합의견: 지적 호기심이 살아있고, 논리적인 사고와 상황 분석 및 이해력이 돋보이며 목표의식이 뚜렷하고 그것을 실천할 능력이 충분함을 보여줌. 탐구 주제에 관해 폭넓은 자료 조사와 깊이 있는 이해를 바탕으로 토론 및 발표수업에서 탁월함을 드러냄.

2학년 수학 I: 노력의 아이콘. 언제나 노력할 줄 아는 끈기 있는 학생. 특히 자신의 관심 분야를 탐구하는 능력이 매우 뛰어남. 지구과학에 대한 관심이 많고 정말 좋아하는 학생임. 수학을 이용한 과학적 요소에 대해 지속적인 탐구심을 발휘함.

2학년 문학: 수업에서 배운 내용을 실제 작품 창작에 적용해 이해를 심화할 줄 아는 훌륭한 학생임.

2학년 영어 II: 평소 자신의 학습 방법 및 학습 습관에 대한 깊이 있는 관찰을 하며, 자기성찰적인 모습을 통해 꾸준하게 학습 열의를 보여 옴. 성실하게 수업 활동에 참여하며 노력하고자 하는 모습이 돋보임.

2학년 일본어 I: 일본어와 일본 문화에 깊은 관심을 갖고 늘 바른 태도와 매우 높은 집중력으로 학습하며 수업시간에 능동적으로 참여하고 적극적으로 발표에 임해 다른 학생들에게도 본이 되는 모습을 보임.

2학년 종교학: 집중을 잘하고, 경청하려는 태도가 돋보이는 학생임. 매사에 모범적이고, 주위 학생들에게 긍정적인 영향을 주며, 자신의 일을 잘 해내면서도 주위 사람들을 돌아볼 줄 아는 마음을 지녔음.

2학년 행동특성 및 종합의견: 탐구심이 매우 뛰어나 본인의 몸을 축나는 것도 모를 만큼 알고 싶은 분야의 공부에 최선을 다하는 모습을 보임.

3학년 영어 독해와작문: 영어에 대한 관심과 재능이 있을 뿐만 아니라 성실하고 긍정적인 태도를 지니고 수업에 집중해 학급의 수업 분위기를 좋게 만드는 학생임. 인문과 자연과학에 관련한 다양한 주제의 글을 읽고 거의 완벽하게 내용과 구조를 이해했으며, 이러한 이해력을 바탕으로 어휘나 표현에 관한 질문은 물론 복잡한 지문 이해를 요하는 심화 질문시간에 매시간 자신감을 갖고 대답 및 발표를 해 활기찬 수업이 되는데 커다란 기여를 함. 발전 가능성이 무궁무진하게 기대되는 학생임.

3학년 물리학 II: 만유인력과 구심력의 관계를 잘 이해했고, 유도과정에서 에너지보존법칙을 잘 이해해 설명하는 점이 매우 돋보임. 이에 그치지 않고 태양계 전체로 상황을 확장해 인공위성 또는 행성의 궤적이 포물선 및 쌍곡선 궤도를 따를 수 있음을 설명하는 면모에서 탐구심과 물리학적 기량이 돋보임.

3학년 화학 II: 화학에 대한 깊은 이해와 탁월한 문제 해결 능력을 갖추고 있으며 매 수업 시간마다 체계적이고 논리적인 사고력을 보여줌.

어떤가요? 지민이의 경우 단순히 근거 없는 칭찬의 나열이 아니라 대부분 근거와 함께 제시되었습니다. 또 추상적인 평가라 하더라도 3년간 수십 명의 교사에게 일관된 평가를 받았기에 학종 서류평가에서 좋은 평가를 받았다고 생각합니다.

■ 보완/강화되면 더 좋은 점

교과전형은 내신 줄 세우기입니다. 비교적 내신 등급 받기가 치열한 자사고에서는 아무래도 적극적으로 활용하는 전형이 아니지만, 지민이의 경우 특정 학과에 대한 애정으로 교과전형으로도 지원한 것으로 보입니다. 만약 고려대 계열적합형과 같이 대체할 만한 학종 카드를 몇 개 더 고민해 보았어도 좋았을 듯합니다.

사범대 OO교육과를 지원할 때는 '교육'과 '전공' 중 어떤 것이 더 중요한가요?

지구과학교육과는 교육이 중요할까요, 지구과학이 중요할까요? 물론 둘 다 중요하지만 둘 중 하나를 고른다면 당연히도 지구과학이 더 중요합니다. 다시 말해, 지구과학에 대한 역량과 관심이 교육에 대한 역량과 관심보다 중요하다는 것입니다.

이유는 간단합니다. 지구과학교육과에서 배우는 내용 중 70~80% 이상이 전공 (지구)과학이고 나머지 20~30%가 교육이기 때문입니다. 여기서의 교육도 일반적인 교육과 지구과학교육론으로 나눈다면 일반적인 교육은 10~20% 남짓입니다. 이 수학점으로나 임용 시험 범위로나, 더 실질적으로 학생들이 어려움을 겪는 것은 교육보다는 교과전공이기 때문입니다. 면접 평가자인 지구과학교육과의 전임 교수도 (지구)과학 전공자일 확률이 (지구과학)교육 전공자일 확률보다 3~4배 이상 높다고 보면 됩니다.

또한, 교육이라는 분야 자체가 인문계적 성격이 더 강하기 때문에, 특히 이렇게 해당 전공교과가 교육보다 중요한 경향은 인문계보다 자연계 교과교육과에서 더욱 두드러진다고 볼 수 있습니다. 수학교육은 수학을 잘하는 역량이 교육에 관심있는 것보다 훨씬 중요합니다.

따라서 OO교육과를 희망하는 학생이라면 OO교과의 역량을 어떻게 잘 기르고 보여줄 수 있을지에 더 관심을 보여야 합니다. 물론 전공과 교육 둘 다 관심이 많고 역량이 드러나면 가장 좋습니다.

PART 3

인문계열 학종 우수 사례

"문송합니다(문과라서 죄송합니다)."
"문과는 대학이 중요해!"

흔히 말하는 문과, 그중에서도 '문사철(문학, 사학, 철학)'이라 불리는 인문, 어문계열은 물론 요즘은 사회과학, 상경계열까지도 이런 말이 돕니다. 대학들의 학과 통폐합, 모집 인원 감축 1호 대상입니다. 역사나 사회교과는 물론 국어, 영어교육과에 해당하는 사범대조차 임용시험에서 수요-공급 불균형이 시작된 지 오래되었습니다. 게다가 학생수도 계속 감소하고 있지요. 이런저런 취업 걱정으로 학생들이 인문 계열 진학을 꺼리고 있는 것이 현실입니다.

그런데 문제는 이런 맥락이 입시까지 잘못 연결된 부분이 있다는 것입니다. 가령, "지원 학과를 상경, 사회계열, 심지어는 자연계열에서 어문, 인문계열로 낮추면 어디까지 가능할까요?"와 같은 질문 말입니다. 정시 전형에서는 이 질문이 어느 정도 의미가 있을 수 있겠지만, 학종에서는 잘못된 질문입니다. 정확히 말하면 학종 자체를 잘못 이해한 학생이 많아서 이런 우문이 나온 것이라 할 수 있습니다. 학종을 어떻게 준비하는지에 따라 이 질문이 우문이 아니게 될 수 있음을 3부에서 살펴보겠습니다.

더 나아가 취업 때문에 인문계열 진학을 망설이는 학생들이라면, 학종을 준비하는 과정이 자신을 알아가고, 나만의 무기를 찾아 나가는 기회가 될 수 있습니다. 그리고 이를 관통하는 힘이 바로 '역량'입니다. 실제로 제가 느끼기에는 사회과학, 상경계열의 학종을 준비하는 학생들보다 오히려 인문, 어문계열의 학종을 준비하는 학생들에게서 더 뛰어난 역량을 느끼는 경우가 생각보다 많았습니다. 사회과학, 상경계열을 생각하는 많은 학생들이 현상을 수박 겉핥기로 탐구하는 반면, 인문, 어문계열은 현상의 본질에 집중하거나 언어적 역량이 두드러진 학생들이 많았기 때문입니다. 이러한 관점을 중심으로 3부에서는 인문, 어문계열의 학생들이 상대적으로 낮은 성적으로도 왜 대학에 합격할 수 있었는지 각 사례를 통해 그 이유를 살펴보겠습니다. 이 과정에서 사회적 시선과 염려보다는 정말 내가 키워야 할 역량은 무엇인지 고민하고 자신을 알아가면서, 인문계열 진로 탐색에 대한 고민을 해보면 좋겠습니다.

문과 학생들이라면 인문, 어문계열보다는 사회과학, 상경계열에 더 관심을 두기 마련인데, 그 이유는 크게 두 가지입니다. 첫째, 소위 문사철로 불리는 인문, 어문계열에 비해 상대적으로 취업이 잘 된다는 얘기를 많이 들어왔기 때문입니다. 실제 다수의 인문, 어문계열의 대학생들이 사회과학, 상경계열을 복수전공하는 경우가 그 반대의 경우보다 훨씬 많습니다. '역량'이 같다는 전제 아래, 기업들이 '이론적인' 학문을 접한 학생보다 '실제적이고 실용적인' 학문을 접한 학생을 선호하기 때문입니다.

이는 낮은 성적으로 인문, 어문계열에 합격하는 두 번째 이유와 일맥상통합니다.[1] 두 번째 이유는 고등학생들이 주로 사회 현상에 대한 표면적 탐

---

[1] 어문계열의 입결이 낮은 가장 큰 이유는 외고, 국제고의 영향입니다. 다만, 여기서는 일반고 학생의 입장에서 그들끼리도 인문, 어문계열이 상경, 사회계열보다 입결이 낮은 현상에 대해 이야기하고 있습니다.

구를 선호하기 때문입니다. 이는 이론과 현상에 의문을 가지는 것보다는 현상 자체를 조사하며 표면적으로 다루는 것이 훨씬 직관적이고 쉽다는 뜻입니다.

그러나 사회과학, 상경계열이야 말로 과학적인 접근과 역량이 요구되는 분야입니다. 어쩌면 오히려 더 이론적인 접근이 필요한 분야이기도 합니다. 가령, 학생들에게 선호도와 경쟁률이 높은 사회과학계열 학과 중에 미디어 커뮤니케이션학과가 있는데, 이 학과는 재밌어 보이는 학과이지만 사실 진학해서 공부하다 보면 생각보다 이론적인 학습이 많습니다. 그래서 막상 이 학과에 들어가면 괴리감을 느끼는 학생이 많습니다.

이런 현상을 볼 때마다 개인적으로 소재 중심적 겉핥기식 탐구로 고등학교 생활을 꾸려 나가는 학생들이 많다는 것이 참 안타깝습니다. 학종은 최근 역량중심평가로 기조가 바뀌었습니다. 상위권 대학일수록 더욱 그렇습니다. 세특에서 특정 전공에 대한 관심만 드러나고 교과 역량을 확인하기 어려운 경우에 대해서는 경계해야 한다는 입학사정관들의 여론이 지배적입니다. 더욱이, 가장 최근에는 무전공(자유전공) 인원이 확대됨으로써 진로에 매몰되는 것보다 역량을 강조하는 기조에 더 힘이 실렸지요.

3부에서 다루는 여러 사례들을 통해 단순히 표면적으로 드러나는 취업 유불리의 관점에서 막연하게 사회과학, 상경계열을 희망할 것이 아니라 합격생들이 어떤 역량을 갖고 있는지, 지원자가 어떤 역량을 길러야 하는지 살펴보겠습니다.

Case 10

역량이 가장 중요함을 보여주는
6장 전승의 민하

실제 사례

내신 평점: 1.74 자사고(5등급제 추정 1.27)   **수능**: 국수탐 백분위 평균 91%
수능 국수영탐탐 등급: 1/3/1/2/2   **최종 진학**: 서울대 인문학부

대학	학과	전형	전형명	결과	수능 최저 통과
서울대	인문학부	종합	지역균형	합	O
고려대	철학과	종합	학업우수형	합	O
고려대	철학과	교과	학교장추천	합	O
연세대	영어영문학과	종합	활동우수형	합	없음
성균관대	인문과학계열	종합	융합형	합	없음
이화여대	심리학과	종합	미래인재전형	합	O

최종합: 최종합격 / 1차합: 1차합격 / 최초합: 최초합격 / 1차불: 1차불합격 / 불: 불합격 / 합: 합격

민하(가명)는 뛰어난 학업 역량으로 5학종과 1교과를 모두 합격한 '인문계 끝판왕' 학생입니다. 특정 전공과 진로에 관심을 보여주는 것에 그치지 않고, 인문계 전반에서 요구되는 역량을 잘 갖췄습니다. 특히 철학과 언어의 관계에 주목했는데, 이것이 2~3년간의 일련의 탐구에서 잘 부각되었습니다. 또 철학과 언어의 관계를 통해서 철학의 본질을 깨우쳐간 모습이 돋보였습니다.

지원 당시에 염려되었던 부분은 인문학과 밀접한 과목인 국어 내신이 2.26이라 전 과목 평점 1.74에 비해 낮다는 점이었습니다. 하지만 오히려 수학 내신이 1.37로 높아서 서울대 인문학부나 인문계 학종 지원자들 사이에서는 차별화된 역량으로 평가되었으리라 생각됩니다. 민하의 사례는 관련성이 높은 교과라 하더라도 일정 수준에 해당하는 범위에 내신이 들어온다면, 혹은 다른 교과로 내신으로 보여줄 수 있는 역량을 충분히 드러낸다면, 또 비교과에서도 역량이 드러난다면 최상위권 대학에서 충분히 좋은 평가를 받을 수 있다는 것을 보여줍니다. 이는 대학 선호도 순서와 다르게 입시 결과가 만들어지거나 같은 모집단위에서도 내신 순서와 다르게 합격이나 불합격의 결과가 나타나는 이유이기도 합니다.

■ 연계 확장 주요 탐구활동

1학년 진로활동: 자연적이지 않은 욕구가 있다는 에피쿠로스의 주장을 심리학 측면에서 반박하는 글을 작성

1학년 영어: 소설 《기억 전달자(비룡소)》를 읽고 이상 사회에 대한 고민을 시작

2학년 진로활동: 우리 사회는 어떠한지 관심을 가지면서 팬데믹 상황에서 혐오에 관한 소설을 창작함. 이후 다원화된 사회의 구성원들의 행동 방식에 대한 이해의 폭을 넓히고자 소설 《비둘기(열린책들)》를 읽고 분석하는 글을 작성

2학년 독서: '3년간의 기록, 2004 슬픈 동물원 두 번째 이야기'라는 글을 읽고 피터 싱어의 실천 윤리학 강의를 수강하고 탐구

2학년 동아리: 위 탐구의 연장선에서 피터 싱어의 이론을 기반으로 비거니즘 동아리 활동

3학년 생활과윤리: 여러 관점의 분배적 정의를 배우고, 후생경제학에서 등장하는 각 학자들의 관점에서 가장 바람직하게 바라보는 경제구조 모형 탐구 및 발표

3학년 진로활동: 철학 용어의 번역에 대한 탐구를 진행

■ 자기소개서 예시[1]

　철학에서 '언어'에 대한 문제의식을 느끼게 된 몇 가지 계기가 있습니다. 심리학 동아리 활동을 하면서 인간의 심리 현상에 부자연스럽거나 맥락 없는 불가사의한 것은 없다는 생각을 가졌기에, 1학년 진로활동 시간에 자연적이지 않은 욕구가 있다는 에피쿠로스의 주장을 심리학의 측면에서 반박하는 글을 썼습니다. 하지만 2학년이 되어 윤리와 사상을 배우며, 에피쿠로스는 가장 생리적인, 인류의 본능적인 1차적 욕구를 '자연적'인 욕구라고 이름 지었다는 것을 알게 되었습니다. '욕구' 같은 인간의 내면에서 일어나는 현상을 표현하는 과정에서 이러한 언어적인 문제가 더 있을지 알아보던 중 윤리와 사상 시간에 에피쿠로스의 쾌락주의와 스토아학파의 금욕주의를 배우게 되었습니다. 에피쿠로스는 금욕과 다를 바 없는 생활을 행복이라고 주장하는데 어째서 금욕주의가 아닌 쾌락주의의 대표적 사상가인지 의문이 들었습니다. 저에겐 에피쿠로스와 스토아학파가 다른 길을 가게 된 '근본적인' 이유가 욕구를 절제하며 사는 삶을 그저 금욕하는 삶으로 느꼈는지, 아니면 쾌락이라고 느꼈는지의 차이밖에 없게 느껴졌습니다. 이 역시 결국은 어떤 추상적인 대상을 무엇으로 규정하고 이름 붙이느냐가 결정적인 문제라는 결론으로 이어져, '언어'에 경외심과 관심이 생겼습니다.

　철학에서의 '번역'에 대해서 문제의식을 느끼게 된 것은 두 상이한 사상에서 똑같은 개념어를 발견했을 때였습니다. 아퀴나스가 따라야 한다고 주장한 '자연적 경향성'과 칸트가 도덕적 행위와는 무관하다고 주장한 '자연

---

[1] 자기소개서는 과학기술원 일부를 제외하고 모든 대학이 폐지되었으나, 학생이 탐구를 어떻게 확장시켜갔는지 이해를 돕기 위해 수록했습니다.

적 경향성'을 배우고 이 둘이 현실 속 동일한 현상에 대해 다르게 해석한 것인지, 아니면 서로 다른 현상을 표현하는 데 사용한 개념어가 겹친 것인지, 혹은 구분해서 번역할 정도로 일상적인 의미가 다르지 않아서 번역어가 같아진 것인지 헷갈리곤 했습니다.

교과서로 공부하면서도 그 의미가 정확히 전달되지 않는 단어들을 많이 발견했고, 더 적확한 표현을 할 수 있지 않을까 고민했습니다. 그래서 3학년 진로활동 시간에 철학 용어의 번역에 대해 탐구하던 중, 철학 용어는 어떤 원칙에 따라 번역해도 딱 맞아떨어지는 경우가 드물기 때문에 무리하게 번역어의 통일을 시도할 필요가 없다는 견해를 접했습니다. 이때 언어와 번역에 대한 저의 문제 인식의 일부가 각 철학자의 고유한 개념과 단어를 무리하게 통일하고자 하는 욕망에서 비롯된 것이었음을 깨달았습니다.

여러 사상을 공부하며 왜 사는지, 어떤 가치를 추구할지, 어떻게 하면 행복해지는지 등의 질문에 대한 답을 찾고 싶었던 저는 개념들을 통일시켜 수많은 방향으로 뻗어 있는 길을 줄여내는 것이 진리에 빨리 도달하는 방법이라고 생각했었습니다. 이는 오랜 세월 인간과 진리에 대해 탐구해온 수많은 사람들의 시도를 무시하는 비약적인 사고방식이었고, 제약 없는 사유의 공간인 철학의 본질에 어긋나는 태도였습니다. 언어와 번역에 대한 근본적인 의문에서 시작된 저의 탐구는 사상가의 고유한 사상을 그가 부여한 의미대로 해석하고 그 다양성의 바다를 탐험하며 진리를 찾는 철학의 태도를 얻게 해주었습니다.

■ **보완/강화되면 좋은 점**

수시 6장의 구성이 다소 보수적이었다고 판단됩니다. 이화여대 대신 한양대나 서강대에 지원했어도 충분히 안정적인 구성이었다고 보입니다. 수능에 대한 자신감이 있으면, 수시 모집에서 6지망 카드를 조정했어도 좋았을 것입니다.

> **—Q—**
> **이것도 궁금해요**
> **자기소개서가 없어졌는데 활동의 연결 고리(탐구의 심화 과정)를 어떻게 보여줄 수 있을까요?**
>
> 활동의 심화 과정은 반드시 보여주어야 합니다. 많은 학생들이 단순히 어려운 주제로 탐구를 많이 하는 것이 중요하다고 생각하는데, 이건 '쉬운' 방법이지 '좋은' 방법은 아닙니다. 학종에서는 '얼마나 어려운 주제를 다양하고 많이 탐구했는가'에 크게 관심을 두지 않습니다. 활동을 통해 어떻게 생각이 확장하고 그것이 다음 탐구로 어떻게 이어졌으며, 특히 일련의 과정에서 본인이 선택한 과목이 어떤 방향으로 도움이 됐는지를 궁금해 하죠. 따라서 자기소개서는 폐지되었지만 자기소개서의 우수사례는 '탐구와 학교활동을 어떻게 확장해 나갔는가'의 관점으로 바라보면 도움이 될 수도 있습니다.
>
> 그렇다면 자기소개서가 없어졌는데 이런 확장과 심화의 과정을 어떻게 보여줄 수 있을까요? 물론 면접에서 이런 맥락을 얘기할 기회가 있을 수도 있지만 서류 기반 면접이 없는 학종도 많으며(특히 최상위권), 서류 기반 면접이 있더라도 그 시간이 매우 짧아 본인의 확장 과정을 말할 기회가 없을 수도 있습니다. 심화, 확장의 맥락이 드러나려면 생기부에 심화, 확장의 맥락이 드러나게끔 기재해야 하고, 이는 교사가 개별적인 관찰을 해야 한다는 뜻입니다. 일부 학교나 교사를 탓하는 것에 그치는 학생들도 있는데, 수백 명을 가르치고 지도하는 선생님이 알아서 맥락을 파악하고 기재하기란 쉬운 일이 아닙니다.
>
> 따라서 발표든 보고서든 이 탐구를 '왜 하게 되었는지', '어떤 질문에서 출발한 것인지', '어떤 활동을 어떤 관련이 있어 했는지', '이 탐구를 통해 무엇을 배우고 느꼈는지', '이 탐구를 통해 후속적인 탐구로 어떤 것을 계획했는지', '선택과목과는 어떤 관계가

있는지' 등을 교사가 인지할 수 있도록 명시적으로 의미 있게 표시하는 게 중요합니다. 중학교 자유학기제처럼 '어떤 분야에 관심이 있어서 하게 되었다', '뿌듯했다', '유익했다' 정도의 감상적 느낀 점이나 개별성이 약한 발표나 보고서는 큰 의미를 갖기 어렵습니다.

Case 11

6등급 수학 성적을 극복한
일본어 역량을 갖춘 교사 자질의 진주

실제 사례

내신 평점: 3.69 자사고(5등급제 추정 2.25) **수능**: 국수탐 백분위 평균 80%
수능 국수영탐탐 등급: 1/5/3/1/3 **최종 진학**: 건국대 일어교육과

대학	학과	전형	전형명	결과	수능 최저통과
서울대	역사학부	종합	일반전형	1차불	없음
고려대	역사교육과	종합	학업우수형	1차불	X
이화여대	역사교육전공	종합	미래인재	불	O
한국외대	일본언어문화학부	종합	서류형	불	없음
건국대	일어교육과	종합	KU자기추천	최초합	없음
홍익대	역사교육과	종합	학교생활우수자	불	O

진주(가명)가 일어교육과에 합격할 수 있었던 가장 큰 원동력은 뛰어난 일본어 역량입니다. 진주는 일본어Ⅰ을 두 학기에서 각각 2, 1등급(평균 1.5등급)을 받았고, 진로선택과목인 일본어Ⅱ는 A는 당연하고 원점수 100점을 받았습니다. 일본어 세특에서도 단순히 일본 문화를 겉핥기식으로 탐구하는 정도가 아니라 '언어적 역량과 관심'이 잘 드러난 점이 강점이었습니다. 그런데 일본어 역량이 그렇게 중요하다면 외고 일본어과 학생들이 너 유리할까

165

요? 물론 그렇습니다. 하지만 사실 건국대 일어교육과를 쓰는 주요 외고 일본어과 학생은 생각보다 많지 않을 수 있습니다.

진주가 역사학부나 역사교육 쪽으로도 많은 관심을 갖고 노력을 기울였으나 불합격인 이유는 수학 내신 때문으로 보입니다. 위 내용과 모순적인가요? 일본어, 역사 관련 학과에서는 수학이 영어, 국어, 사회보다는 중요도가 낮지만, 수학 6~7등급 내신은 본인의 강점을 약화시킬 수 있습니다. 최상위권 대학일수록 유난히 소홀한 과목이 있는가에 더욱 예민합니다. 진주는 한국사, 세계사, 동아시아사는 평균 2등급 정도이고, '역사 덕후'인 수많은 학생들에 비해 그렇게 압도적인 비교과가 아니었기에 역사 관련 학과에서는 수학 내신을 극복하기 어려웠던 것으로 보입니다. 외대 일본언어문화학부의 경우에는 면접의 기회가 없는 서류형이라 내신이 더 주요하게 작용한 것 같습니다. 반면, 면접이 있던 건국대에서는 진주의 진가가 드러났습니다.

진주는 한마디로 역사 관련 학과들은 불합격했지만, '일본어+역사'를 잘 조합한 우수 사례라 할 수 있습니다. 역사 성적도 좋은데다가 동아시아사까지 이수하면서 연계가 잘 되었으며, 무엇보다 진주는 모든 선생님들이 입을 모아 칭찬하는 반듯함과 바름을 갖춘 딱 교사 자질의 학생이었습니다. 그런 점들이 생기부 전 영역에 걸쳐 아주 상세하게 드러났기에 사범대인 일어교육과에 더 안성맞춤이었습니다. 우직함은 물론 성취욕이 강해 진취적으로 노력하는 주도성도 강하게 드러났습니다. 다양한 독서를 통해 탐구하는 것이 습관이 되어 인문학 분야의 강점이 잘 보였으며, 수학 성적은 낮지만 수학 시간에 열심히 참여하고 노력하는 모습이 세특에 잘 기재되어 있었습니다. 진주의 사례 역시 앞의 지구과학교육과의 사례와 마찬가지로 교육에 대한 관심보다 일본어 역량이 합격에 더 큰 원동력이 된 경우입니다.

■ **연계 확장 주요 탐구활동**

2학년 진로활동: 관용어를 중심으로 한국어와 일본어 비교 탐구(교내 도서관 적극 활용)

2학년 일본어Ⅰ: 일본 소설 원서로 찾아 읽고 단어 정리 및 문법 분석 후 교사에게 질문
(단순한 질문을 던지지 않고 스스로 연구해본 후 해결되지 않는 부분 구체적으로 질문)

2학년 일본어Ⅰ: '일본의 역사와 세계유산'에 관한 기사 분석

3학년 일본어Ⅱ: 한국어와 일본어의 단어구조 차이 탐구

■ **세특 예시**

2학년 확률과통계: 항상 호기심 어린 태도와 높은 집중력을 수업에서 보여주어 교사에게도 힘이 되는 학생임. 자발적으로 9회(학급 평균 1.6회) 앞에 나와서 문제를 풀고 친구들에게 풀이 과정과 아이디어의 생성 과정을 설명함. 특히, 설명에서 교사가 수업 중 강조한 부분이 드러나 수업을 잘 듣는 학생이라는 인상을 줌. 보통 학생들이 정제된 풀이가 완성되어야만 앞에 나와 문제를 푸는데 반해, 이 학생은 사고 과정에 당장 부족한 부분이 있더라도 일단 도전하는 자세가 있고, 수학적 사고와 논리적 전개 과정을 즉각적으로 개선시키는 힘과 의지가 있어 결국 완성된 발표를 만들어 냄. 또한, 다른 친구들의 문제 풀이 발표도 경청해 자신의 사고 과정을 개선시키고자 하는 모습을 항상 보여줌. 교사에게도 단순한 문제 풀이 방법이 아닌 유의미한 수학적 사고 과정이 드러나는 질문을 자주하는 학생으로 학습 태도나 사고 과정을 봤을 때, 배움에서 스스로 성장을 도모하는 힘이 강한 학생임. 수학적 사고인 what if not 전략을 활용해 수학 문제를 변형 제작, 검토해 학생들에게 배포함. 수학적 조건이 수정, 추가, 삭제됨에 따라 사고 과정이 어떻게 달라지는지 이해하는 힘이 강하고 이

를 토대로 의미있는 사고 과정을 요하는 문제를 제작함.

3학년 일본어 II : 학교 수업과 어학에 대한 다양한 탐구활동을 통해 키워온 일본어에 대한 흥미와 호기심을 적극 활용해 더욱 깊이 있게 탐구하며, 다양한 관점으로 일본어를 바라보고 변함없이 성실하게 공부하는 모습이 매우 돋보이는 학생임. 수업 시간에 배운 어휘와 문법뿐만 아니라 스스로 연구해 습득한 다양한 문형들을 토대로 주제와 발화 상황에 맞게 매우 자연스러운 일본어를 구사할 수 있음. 일본 동화 번역 활동을 통해 동화에 쓰인 문장을 분석하고 번역하는 과정에서 문장 속의 문법과 문형들을 구체적으로 파악하고 자연스럽게 번역하는 등, 학교에서 배운 내용 외의 더욱 심화된 문형들도 문제없이 분석할 수 있을 정도로 매우 뛰어난 실력을 가지고 있음. 일본어학과 일본어의 구조에 대해 매우 큰 관심을 갖고, '한국어와 일본어의 단어구조 차이'를 합성어와 파생어를 중심으로 다양한 자료들을 수집하고 철저한 조사를 통해 비교 분석했으며, 복합명사, 복합동사, 복합형용사, 일본어의 파생어 등의 내용을 전문성 있게 설명하고 적절한 매체를 활용해 짜임새 있게 발표함. 이를 통해 일본어와 우리말의 문법 용어의 차이를 발견하고 앞으로 한국어와 일본어의 대응에 대해 탐구해보고 싶다고 생각하는 계기가 됨.

어떤가요? 진주의 가장 큰 약점인 수학 교과에서도 단순히 포기한 게 아니라, 주도적이고 성실한 태도로 참여한 것이 아주 잘 드러났습니다. 이런 태도적 측면이 사범대에서는 더 긍정적인 모습으로 작용했을 것이라 생각합니다.

또한, 보통 제2외국어 세특으로 그 나라에 대한 문화를 조사하는 중학교 자유학기제 수준의 탐구가 많이 이루어집니다. 이는 약간의 관심만 보여줄 뿐 역량이 드러나진 않습니다. 진주의 경우, 일본어Ⅰ에서도 '원서를 읽고 단어 정리 및 분석 후 교사에게 심층적 질문'과 '일본의 역사와 세계유산' 중 당연히 전자의 활동(모습)이 더 빛이 났다고 할 수 있겠습니다. 이처럼 진주는 일본어 성적이 좋았을 뿐만 아니라 세특에서도 일본어 역량과 언어 자체에 대한 관심이 드러났기에 어문계열에 적합했습니다.

■ 보완/강화되면 좋은 점

부족한 내신으로 상향지원을 했는데, 그대신 서울 중위권 대학 중에서 일본, 일본어 관련 학과를 지원했더라면 더 많은 합격 카드 중에서 고를 수도 있지 않았을까 판단됩니다. 한편 아무리 강점이 뚜렷하더라도 그것이 수학이라는 주요 교과에서 드러나는 약점을 보완하기에는 어려움이 있다는 점도 생각해봐야 합니다.

Case 12

경제에 대한 관심과 중국어 역량을 바탕으로 적절한 학과를 찾아낸 나랑

가상의 사례

내신 평점: 3.45 일반고(5등급제 추정 2.13) **수능**: 국수탐 백분위 평균 78%
국수영탐탐 등급: 4/4/3/2/3   **최종 진학**: 건국대 글로벌비지니스학과

대학	학과	전형	전형명	결과	수능 최저 통과
이화여대	중어중문학과	종합	미래인재	불	X
중앙대	중국어문학	종합	CAU탐구형	불	없음
한국외대	중국외교통상학부	종합	면접형	불	없음
건국대	글로벌비지니스학과	종합	KU자기추천	합	없음
숭실대	경제학과	종합	SSU미래인재	불	없음
국민대	중국정경전공	종합	국민프런티어	합	없음

　나랑(가명)이는 1학년 때부터 경제, 외교 등에 관심을 가졌고 더욱 심도 있게 공부하기 위해 2학년 선택과목으로 경제를 선택했습니다. 경제 과목은 인원수도 적고 잘 하는 친구들이 많아 두 학기 평균 3.5등급을 받았지만, 그래도 과목 공부와 탐구에 최선을 다하고자 했습니다.

　나랑이의 경우 경제학과만을 준비하기에는 수학과 경제 성적이 부진해 부담되던 차에 2학년 때 선택한 중국어에서 뛰어난 성적을 거두면서 점차

흥미를 갖고 관련 학과를 찾아 잘 준비한 사례입니다. 국민대 중국정경전공은 전공명에서도 알 수 있듯이 중국의 정치, 경제, 경영, 역사, 언어, 문화에 대해 공부하는 곳입니다. 전 과목 내신 평점에 비해 중국어Ⅰ은 두 학기 평점 1.5등급으로 우수합니다. 나랑이는 중국 관련 진로역량을 강화하기 위해 3학년 선택과목으로 중국어Ⅱ를 과감히 선택했고 90점 A를 받았습니다. 합격에 가장 주요했던 것은 관심만으로 경제학과, 정치외교학과를 막연하게 희망하지 않고 자신의 관심과 역량을 바탕으로 적절한 학과를 2학년 때부터 구상했다는 점입니다.

나랑이가 3등급 중반 대 내신으로 건국대까지 진학할 수 있었던 또다른 이유에는 '글로벌비지니스학과'라는 이름도 한몫했습니다. 언뜻 보기에 국제학부, 국제통상학과, 경영학과, 정치외교학과, 흡사 성균관대 글로벌경영학과 같은 곳인가 싶지만 전혀 다릅니다. 실제 그 전신은 국제학부이긴 하지만, 학과 인재상을 보면 '중국 통상 비지니스 신 전문가'로 명시하고 있습니다. 글로벌 의사소통 능력뿐만 아니라 중국 통상 비즈니스 능력, 중국 지역 분석 능력, 중국 데이터 분석 활용 능력을 기르는 것을 목표로 하는 학과인 셈이죠. 이런 학과는 보통 아이들은 모르거나 알아도 3학년쯤 알 확률이 높은데, 나랑이는 이 학과를 2학년 때부터 알고 해당 교수님들의 연구를 살펴보기도 하는 등 관심을 갖고 노력을 기울였습니다.

■ 연계 확장 주요 탐구활동

1학년 통합사회 : 기후위기가 국제 경제 변화에 미치는 영향을 탐구

2학년 중국어Ⅰ : 회화 능력을 키우고자 노력하고, 수행평가에 최선을 다함

2학년 경제 : 배운 개념을 토대로 동아시아 국가들의 상호보완적 경제 관계 분석 발표

2학년 진로활동 : 중국어 공부에 필요한 한자 공부 모임을 운영

3학년 경제수학 : 경제 지표에 대한 수학적 의미를 분석하고 발표

3학년 진로활동 : 기후위기로 흥망성쇠한 중국 기업을 분석

3학년 중국어Ⅱ : 중국 현대 문학작품에 드러난 경제 상황을 조사

■ 보완/강화되면 좋은 점

수능최저를 통과하지 못한 점이 가장 아쉽습니다. 또한, 중국어뿐만 아니라 영어 내신과 역량이 더욱 드러났다면, 결과가 더 좋았을 것이라 판단됩니다.

외국어 관련 학과들은 외고 출신 학생 지원자가 많아 불리한 것 아닌가요?

'불리하다'라고 딱 말하기에는 애매한 부분이 있습니다. 중국어 관련 학과에서 합격자를 가를 때, 입학사정관 입장에서 중국어 공부를 많이 한 학생과 조금 한 학생 중 다른 조건이 같다면 당연히 전자에게 끌릴 것입니다. 그러나 '다른 조건이 같다면'이라는 전제를 할 수 있는 경우는 거의 없다는 게 함정입니다. 일반고는 외고에 비해 외국어 관련 탐구의 기회나 프로그램이 적기에 오히려 자기주도성을 발휘할 기회가 많습니다. 프로그램이 너무 많으면 되려 중구난방으로 나열되기 쉬운데, 나랑이의 사례는 과목 선택과 활동 및 진로탐색의 능동적 연계가 잘 된 경우입니다. 또 건국대 글로벌 비지니스학과와 같이 '언어' 이외에 '경제'가 중요한 학과라면 승부를 경제에서 볼 수도 있습니다(물론 외고에서도 경제 관련 탐구가 잘 될 수 있습니다).

지원하고자 하는 대학교, 학과에 외고생이 얼마나 진학할지 정확히 알기는 어렵지만, 얼추 가늠하려면 아래 3가지 방법을 권장합니다.

1. 대학 알리미(www.academyinfo.go.kr)

[대학 알리미] 메뉴에서 [공시정보] – [대학주요정보] – [해당 대학 검색 및 클릭]

- [학생] 탭 – [신입생의 출신 고등학교 유형별 현황]으로 들어가면, 건국대의 신입생 중 외고·국제고의 비율은 2.97%(2024년 기준이며 매년 조금씩 상이) 내외입니다. 문제는 정시, 수시 구별이 안 되어 있고, 수시에서도 논술인지 학종인지 등이 구별되어 있지 않다는 점입니다. 또 학과별로 분류가 안 되어 있다는 점이 가장 불편합니다. 그래도 타 학교와 비교하는 관점에서는 쓸모 있을 것입니다.

참고로 국민대는 건국대보다 살짝 높은 3.01%(2024년 기준이며 매년 조금씩 상이)입니다. '외고'도 서울권 주요 외고라고 불리는 학교들이 있고, 상대적으로 그렇지 않은 곳들이 있다는 점도 인지해야 합니다. 대학들이 '주요 외고냐 아니냐'를 나누기보다는 외고도 학생들마다 평균적인 지원 눈높이와 경향이 다르기 때문입니다. 내가 지원하고자 하는 대학에 과연 어떤 외고, 과고 학생들이 지원할지, 지원한다면 안정권으로 지원하는 것인지 고민해봐야 합니다. 참고로 숙명여대의 경우 신입생 중 특목고생 비율이 12~16% 정도이며 실제로 서울 지역 외고생의 비율이 높은 것으로 알려져 있습니다.

2. 입시 결과

학종 입시 결과를 보면, 같은 대학에서도 어문계열의 학과들이 상경계열, 사회과학계열의 학과들보다 훨씬 낮은(수월한) 입시 결과를 가집니다. 하지만 이는 학과의 높고 낮음보다는 외고생의 비율이 영향을 미쳤다고 보는 게 더 타당합니다. 타 학과에 비해 유독 입시 결과가 낮다면 외고생을 비율을 가늠할 수 있습니다(상세한 내용은 이어진 '이것도 체크하세요'를 참고해 보세요).

또한, 50% 컷과 70% 컷을 비교하는 것도 좋은 방법입니다. 어떤 중국어 관련 학과의 학종 내신 50% 컷과 70% 컷의 차이가 큰 경우가 있습니다. 이는 70% 컷부터 외고생일 가능성이 높을 수 있다는 의미입니다. 10명이 등록했다면 '적어도' 7등부터가 외고생일 가능성이 높은 것입니다. 이는 해당 중국어 관련 학과의 50% 컷이 타 단과대의 50% 컷과 더욱 유사하다면 더욱 그 가능성이 높아집니다. 만약 중국어 관련 학과의 50% 컷이 타 단과대의 50% 컷들과 지나치게 차이 난다면 이는 10명 등록 중 적어도 5등부터가 외고생일 가능성이 높을 수 있다는 의미입니다.

3. 대학 및 기타 기관 공개 정보

간혹 대학 입학처나 교육청 연수 등에서도 학교유형별 비율을 제시하는 자료를 공개하는 경우가 있습니다. 다만, 대부분 대학별인 경우가 많고 모집단위별로 제시된 자료는 보기 드뭅니다. 어쩌면 대학 입학처 설명회나 상담 시 특정 모집단위를 콕 짚어서 물어보는 것이 가장 현실적인 방법일지도 모릅니다.

이것도 체크하세요

대학별로 공개하는 학종 내신 입시 결과를 있는 그대로 받아들이면 안 돼요!

내신 3.0을 받은 학생이라고 예를 들어보겠습니다. 이 학생이 이화여대 인문계열에 지원하고자 합니다.

2024학년도 이화여자대학교 학종 내신 70% 컷	
중어중문학과	4.48
불어불문학과	4.05
독어독문학과	4.15
경영학과	2.39
경제학과	2.41

위 입시 결과를 보고 경영학과, 경제학과에 지원하기에는 내신이 부족하고, 중어중문학과, 불어불문학과, 독어독문학과는 내신이 남으니 어문계열 학과 중 하나로 지원하는 게 좋겠다고 판단하는 것은 아주 잘못된 접근입니다. 요즘이야 워낙 입시 정보가 많아져 이런 접근을 하는 학생들이 옛날보다 적어졌지만, 아직도 입시를 잘 모르는 학생들은 이런 실수를 하기 마련이죠.

왜 이런 결과가 나타난 것일까요? 소위 '어문이 상경보다 입시 결과가 낮다'라는 말에 해당되는 경우일까요? 위와 같은 입시 결과는 실제로 어문계열 합격자들은 대부분 외고 출신 학생들이 많다는 것을 의미합니다. 만약 영어 역량이 아주 뚜렷하게 부각되는 수준이 아닌 내신 3.0 일반고 학생이 수많은 외국어 과목을 이수하고 외국어 역량이 아주 부각된 내신 4.0 외고 학생과 서류평가가 된다면, 어떻게 될까요?

만약 내신이 3.0일지라도 영어 내신이 1.5라고 해보겠습니다. 이외에도 영어를 비롯한 외국어 역량이 우수하게 드러나고 외국 문학 작품에 대한 관심과 해당 진로 역량도 드러났다고 해보겠습니다. 그렇다면 상경계열보다 어문계열이 해볼 만하다고 여길 수 있겠죠.

반대로, 내신이 3.0일지라도 수학 내신 평점이 1.5라고 가정합시다. 그렇다면 상경계열 전 과목 평점은 어문계열보다 입시 결과가 높을지라도 수학 역량을 더 요구하는 상경계열이 오히려 어문계열의 학과보다 합격 가능성이 높을 수도 있습니다(물론 이 외에도 서류평가에서 이뤄지는 다른 복합적 요소를 고려해야 하지만 그 문제는 차치하고 생각합니다).

결론적으로, 해당 모집단위에서 요구하는 역량이 지원자들 사이에서 내가 상대적으로 더 부족하다면 학종에서는 어떤 결과를 더 참고해야 할까요? 대학이 제공하는 일반 데이터도 당연히 의미는 있지만, 자신이 재학하고 있는 학교의 '졸업생 데이터'가 중요합니다. 이 정도 내신과 이 정도 역량을 가진 학생이 학종에서 어떤 결과를 냈는지는 고등학교마다 범위가 약간씩 다르기 때문입니다.

이는 대학이 차별적인 평가를 한다는 것을 의미하는 게 아닙니다. 실제로 비교과의 질적 수준이 차이가 나기도 하고, 평가에 얼마나 어떻게 반영될지 어느 정도 평균과 표준편차를 통해 내신 분포를 가늠할 수 있기 때문입니다. 더욱이 해당 고등학교의 생기부가 해당 대학의 학종 서류평가 요소와 유독 잘 맞아 떨어지거나, 반대의 경우들이 있기 때문에 재학 중인 학교의 졸업생 데이터가 필요합니다. 학종은 그만큼 졸업생 데이터가 강력한 참고가 됩니다.

반면, 교과전형이나 수능은 정량평가이기 때문에 졸업생 데이터보다는 모든 대학이 제공하는 일반 데이터만으로도 합격 여부를 어느 정도 예측할 수 있습니다(동국대 학교장추천전형, 서울대 정시 등 정성평가요소가 포함된 일부 교과전형, 정시는 제외).

Case 13

뇌과학에 능통한 심리학도가 되고 싶은 수학 잘하는 문과생인 수현

실제 사례

내신 평점: 2.13 자사고(5등급제 추정 1.47) **수능**: 국수탐 백분위 평균 96.8%
수능 국수영탐탐 등급: 1/1/1/2/2 **최종 진학**: 고려대 심리학부

대학	학과	전형	전형명	결과	수능 최저 통과
서울대	자유전공학부	종합	일반전형	1차불	없음
고려대	심리학부	종합	계열적합형	합	없음
고려대	심리학부	종합	학업우수형	합	O
연세대	심리학과	종합	활동우수형	합	O
성균관대	사회과학계열	종합	융합형	불	없음
이화여대	경영학부	종합	미래인재	불	O

심리학은 많은 학생들이 흥미를 느끼는 분야입니다. 그러나 교과와 연계하지 않고 표면적으로만 탐구하는 경우가 많습니다. 수현(가명)이는 심리학에 대한 관심이 여러 탐구활동에서 드러났을 뿐만 아니라, 교과 학습과 탐구 연계 측면에서 학업 역량, 탐구 역량도 잘 드러났습니다. 또한 심리학 분야를 희망하는 인문계 학생들은 보통 상담심리, 소비자, 마케팅심리 쪽으로 특화된 경우가 많은데, 수현이는 인문계 학생임에도 미적분과 생명과학Ⅰ,

생명과학Ⅱ을 이수했다는 점이 인상적이었습니다. 이는 단순히 인문계적 관점에서의 심리학을 학습하는 것을 넘어 뇌과학과 연계된 심리학을 탐구하고자 하는 의도였습니다. 또 그것이 세특에도 잘 나타나기에 자기주도성 측면에서 긍정적인 평가를 받았을 것입니다. 비록 수학 내신은 3등급으로 전체 평점에 비해서는 낮지만 수학적 역량은 세특을 통해 잘 나타납니다.

수현이의 경우 태도적 측면에서 성실함과 탐구 자세가 거의 모든 교과에서 부각되었습니다. '모든 수업에서 최선을 다해 집중하는 태도가 훌륭함', '수업 내용을 정확하게 이해하기 위해 적극적으로 다양한 자료를 찾아봄' 등과 같은 내용을 3년 동안 수십 명의 교사가 일관되게 제시한다면 긍정적인 평가로 이어질 수밖에 없겠죠. 수현이는 '진정성'이라는 단어가 참 잘 어울리는 학생이었습니다.

한편, 수시 6장을 모두 학종으로 지원한 '6학종러'의 경우 내신과 비교과에 계속 치중하느라 3학년 모의고사 성적이 흔들리는 경우가 많은데, 수현이는 백분위 평균이 안정적으로 93~94% 정도여서 수시에서 적극적으로 상향 지원할 수 있었습니다. 수시 접수 이후에도 막판까지 꾸준한 태도를 보여 수능에서는 6월, 9월 평가원 모의고사보다 더 좋은 성적을 거둘 수 있었습니다. 내신이 다소 부족해도 이러한 노력과 바탕이 있었기에 수현이는 자신감과 배짱을 갖고 서울대까지 지원할 수 있었던 것입니다.

■ 연계 확장 주요 탐구활동

1학년 논술: 심리학과- 범죄학 및 심리학 관련 독서 및 기록

2학년 수학Ⅰ,Ⅱ: 베버-페이너의 법칙 소개와 더불어 심리학에서의 활용 예시. 미분개념까지 설명히면서 심리학과 수학 연계 연구를 제시

2학년 영어Ⅰ, Ⅱ: 악행 관련 심리 영문기사 번역, 우울과 불안 관련 영어 기사 번역문을 발표

1~3학년 진로활동: 모든 학년에 걸쳐 다양한 심리학 분야의 진로활동 내용을 상세히 기록. '뇌영상과 법'이라는 주제로 뇌 영상의 유형을 살펴보고 뇌 영상 증거의 법적 성격에 관해 검토. '심리학 전문가, 판사, 배심원 각각의 역할 및 재판 과정에서 활용되는 심리학적 지식'이라는 주제로 탐구를 심화함. '소설 파리대왕 인물의 애니어그램 성격유형과 군중 심리, 공격성'이라는 주제의 탐구를 기록

인공지능 관련 강의에서 배운 내용으로 학습 도움 앱을 개발. 인공신경망과 미적분학 교육, 법학 전문가와의 멘토링에서 '심리적 요인을 중심으로 한 팬데믹 전후 범죄 유형 변화'에 관한 탐구로 이어짐

■ 세특 예시

2학년 수학Ⅱ: 성실한 태도로 수업에 참여도가 높고 단원에서 어떤 내용이 중요한 것인지에 대한 핵심을 찾아내는 능력이 우수하고 정확함. 겸손하면서도 집중하는 자세가 좋음. 예리한 질문이 인상적일 만큼 깊이 있는 공부를 하는 모습을 보여줌. 수학Ⅰ을 배우면서 발표한 베버-페히너의 법칙을 로그 함수로만 탐구해 발표했지만 미분을 배운 후, 미분의 개념이 식을 도출해내는 과정에서 어떻게 사용되었는지 더 탐구해 추가 발표하는 모습을 보여줌. 어떤 일을 하든 책임감과 도전과 완성의 자세가 돋보였음. 또한 심리 통계에 대해 탐구해 발표함. 심리통계의 개념과 필요성, 적용 종류에 대해 쉽게 잘 설명함. 수업으로 아직 배우지 않은 부분이라서 통계에 대해 공부해가며 발표 준비를 함. 추상적인 심리학의 연구 주제들을 탐구하는 과정에는 수학이 매우 중요함을 깨달음. 기회가 된다면 웩슬러 지능 검사의 타당성, 신뢰성, 유용성을 높이는 데 통계가 어떻게 기여했는지를 조사해 심리학 연구를 설계하고 의미 있는 결과를 도출해 보기를 다짐함.

3학년 생명과학 II : 심리학에 지대한 관심을 가지고 있으며 이와 관련된 부분이라면 어떤 것이든 능동적으로 학습할 자세가 갖춰져 있는 학생임. 높은 학습 의욕에 타고난 성실함까지 더해져 각종 탐구 문제, 과제물, 수업 중 질문 등 모든 학습 목표를 착실하게 달성했음. 특히 본 교과에서 대다수의 학생들이 어려워하는 물질대사 파트를 학습할 때 급우들과의 협력 학습을 통해 목표를 달성했음. 실제로 학기 말 설문에서 생명과학 학습에 도움을 준 친구로 뽑힌 바 있음. 또한 개념 학습을 하다가 생긴 호기심을 해결하기 위해 다양한 자료를 탐색하는 점이 눈에 띔. 일례로 DNA와 RNA 간의 염기 구성 차이, RNA 전사에서 프로모터의 역할 등에 관해 궁금증이 일었을 때 그것을 간과하지 않고 각종 전문 자료를 탐색해 학습에 깊이를 더함. 한편, 심리학에 대한 관심을 토대로 신경과학에 관련된 자료를 찾던 중 이야기 치료와 관련된 신경과학적 해석을 담은 문헌을 발견하고 탐독했음. 이 과정을 통해 알게 된 것을 일목요연하게 글로 정리해 온라인 클래스에 게재함. 이처럼 교과 학습에 대한 흥미와 동기, 진로에 대한 목표가 명확한 학생임을 교과 학습 과정에서 여실히 드러냄.

수현이의 경우 미적분은 이수했지만 확률과통계를 이수하지 않은 점이 아쉽습니다. 그런데 수학II에서 그것을 보완하기 위한 노력이 위기를 기회로 바꾸었으며, 수학II 등급과 원점수는 2등급, 91점으로 우수한 편이었습니다.

단순히 '심리학 관련 탐구로 무엇을 했다'로만 서술된 것이 아니라, 특유의 진정성과 학업 역량에 더불어 교과내용을 관심 분야를 이해하는 연계 도구로 잘 활용하는 모습이 그려집니다.

■ 보완/강화되면 좋은 점

수현이가 성균관대 사회과학계열과 이화여대 경영학부에 불합격한 가장 큰 원인은 수학으로 여겨집니다. 아무래도 어문계열보다는 수학의 영향력이 더욱 큰 모집단위라 할 수 있겠습니다. 심리학과도 대체로 사회과학으로 분류되는 경우가 많지만, 심리학에 대한 관심을 보여주는 것을 넘어서는 역량 중심의 생기부는 수현이에게 강점이 되었을 것입니다.

이것도 궁금해요 Q 심리학과는 문과인가요, 이과인가요?

이미 2009 개정 교육과정 시절부터 엄밀히 문과, 이과의 구분이 없었지만 학교 현장에서는 여러 현실적인 문제로 인해 편의상 문이과를 구분해 운영해왔습니다. 그러나 2015 개정교육과정, 선택형 수능 등을 거치고 여러 입시 결과들이 누적되면서 말 그대로 '융합형 인재'들이 많이 나타나기 시작했습니다. 위 사례처럼 기본 바탕은 인문계 학생이 자신의 필요와 목적에 따라 과학Ⅰ, Ⅱ, 미적분을 이수하는 학생들이 늘어난 것입니다(실제로 서울대 경제학부는 미적분 이수를 권장합니다).

위와 같은 측면에서 이해하면 '특정 학과가 문과일까, 이과일까?'라는 질문은 그 의미가 예전보다 상대적으로 강하지 않습니다. 특히 인문계라면 더더욱 그렇습니다. 심리학과는 흔히 '문과'로 인식하지만(실제로 사회과학대에 소속된 경우가 많음) 자연계 바탕의 학생들이 진학하는 경우도 꽤 많습니다. 자연계적 관점에서도 탐구가 요구되는 학문이기 때문입니다. 이런 질문을 이해하려면, 해당 심리학과가 어떤 분야를 주로 연구하는지 알아볼 필요가 있습니다. 고려대와 연세대 심리학부의 연구 분야를 정리하면 다음과 같습니다.

- **고려대학교 심리학부의 주 연구 분야**
  - ① 문화사회성격 심리학
  - ② 산업 및 조직 심리학
  - ③ 소비자 및 광고심리학
  - ④ 행동인지 신경과학
  - ⑤ 임상 및 상담심리학
  - ⑥ 심리데이터과학

굳이 이분법적으로 분류하자면 ①, ②, ③, ④, ⑤는 문과적, ④, ⑥은 이과적이라 할 수 있습니다. 만약 ④의 교수가 위 학생의 서류를 평가했다면, 대다수의 학생이 ③, ⑤에 몰린 가운데 위 학생을 더욱더 긍정적인 평가했을 가능성이 있습니다. 더욱이 ⑥은 고려대 심리학부에서 2024년 3월에 신설한 연구 분야입니다. 세상이 이렇게 바뀌어 가고 있고, 그에 맞는 융합적 인재를 원하고 있습니다. 이과라서 심리학과를 지원하지 못할 이유는 전혀 없는 수준을 넘어서 오히려 이과적 인재가 필요하게 되었다고도 할 수 있습니다.

한편, 고려대는 원래 '문과대'에 심리학과가 있었으나, 현재는 독립적인 '심리학부'로 운영하고 있습니다.

- **연세대학교 심리학과의 주 연구 분야**
  ① 상담심리학
  ② 임상심리학
  ③ 산업 및 조직 심리학
  ④ 발달심리학
  ⑤ 사회 및 성격 심리학
  ⑥ 인지 및 뇌과학, 응용인지

연세대도 마찬가지로 굳이 이분법적으로 분류하자면 ①~⑤가 문과적, ⑥이 이과적이라고 할 수 있습니다. 하지만 연세대도 고려대와 마찬가지로 심리학은 '과학적인' 연구를 한다는 점을 매우 강조하고 있습니다. 어떤 심리학 분야이든지 이과적 소양과 역량을 필요로 한다는 점은 부인할 수 없습니다.

이과적 역량이 있는 인재가 문과적 역량이 있는 인재보다 선발에 있어 더 우위에 있다고 보긴 어렵지만, 심리학부(과) 지원자들을 예상해본다면, 이과적 역량이 있는 인재가 더욱 귀하게 느껴질 가능성이 충분히 있습니다. 그러나 이러한 기조도 세상과 입시가 바뀜에 따라 점점 희미해질 수 있습니다. 점진적으로 소위 이과생들의 유입이 많아져 균형이 맞춰질 것으로 보입니다. 게다가 이미 정시에서는 이과생들의 유입이 더 많은 실정이고, 의외일 수 있으나 그들이 대학생활에 만족하며 다니는 것이 통계적으로 드러나고 있습니다. 심리학은 AI, 데이터과학 분야와 연계하기 쉬워, 컴퓨터 분야를 희망하는 학생들이 연계해서 준비하는 경우도 늘어날 것으로 기대됩니다.

이런 입시 정보는 어디서 얻는 걸까?

소위 '어그로'와 '카더라'로 가득한 유튜브에서 간혹 알짜 정보를 얻기도 하지만, 공식적인 정보를 얻을 수 있는 곳도 많습니다. 그것도 돈을 내고 정보를 사는 것이 아니라, 무료로 말입니다. 진로 진학과 관련해 정보를 얻을 수 있는 곳들을 엄선해 정리했습니다.

1) 교육통계서비스
[URL] kess.kedi.re.kr
연도별 학생수, 학교유형별, 급별 학생수 등 공식적인 각종 교육 통계 자료를 얻을 수 있습니다.

2) 학교알리미
[URL] www.schoolinfo.go.kr
진학하고자 하는 고등학교에 대한 정보를 알아볼 수 있습니다. 학교알리미를 통해 가장 많이 검색되는 정보는 '학업성취사항'입니다. 각 교과별로, 평균, 표준편차를 볼 수 있는데, 이를 통해 대략적인 해당 학교의 학생들의 수준이나 학교 내신 시험의 난이도를 가늠할 수 있습니다. 일반고와 자사고를 비교해보면 확실히 평균, 표준편차가 어떻게 다르게 나타나는지 체감할 수

있을 것입니다. 교과별 평가계획도 확인할 수 있어서 어떤 수행평가를 하는지, 시험 배점은 어떻게 이루어지는지 등도 먼저 알아볼 수 있습니다. 이외에도 학생수, 전출입 및 학업중단 학생수, 졸업생 진로현황(재수생 비율) 등의 정보를 공시정보에서 확인할 수 있습니다.

3) 대학알리미

[URL] www.academyinfo.go.kr

장학금, 취업률, 교원당 학생수, 남녀 학생수, 기숙사 수용률, 평균 등록금, 서류평가 참여 입학사정관 인원, (자퇴 등)중도 탈락률, 등등의 대학의 운영 현황뿐만 아니라 수시, 정시 역대 선발 인원과 비율, 신입생 출신 학교 유형과 같은 입시 정보도 얻을 수 있습니다. '어떤 대학인가?'를 수치로 확인하고 싶을 때 참고하기 좋은 사이트입니다.

4) 고교학점제

[URL] www.hscredit.kr

고교학점제에 대한 정보를 얻을 수 있습니다. 제도에 대한 소개뿐만 아니라, 학교 간 공동교육과정 관련 정보, 대학전공별 고등학교에서의 참고 자료 등 진로 관련 정보를 얻을 수 있습니다.

5) 어디가

[URL] www.adiga.kr

한국대학교육협의회(대교협)이 운영하는 대입 정보 포털로 웬만한 공시적이고 정량적인 정보는 거의 다 있습니다(대학들은 입시 결과를 꽁꽁 감추지 않습니다). 일반데이터를 찾아볼 때, 원하는 학과가 어느 대학들에 있는지 찾아볼 때 자주 이용하는 곳이기도 합니다.

홈에서 로그인하여 [대입정보센터]-[대학별 입시정보]-[전형 평가기준 및 결과공개]에서 해당 대학을 클릭하면 학종, 학생부교과전형, 수능위주전형의 입시 결과를 확인할 수 있습니다. 해당 페이지 URL을 복사해 붙여넣기 한 후, 맨 뒤에 있는 연도를 바꾸어 입력하면 최근 연도뿐만 아니라 당해 연도의 입시 결과도 볼 수 있습니다. 같은 학과라 하더라도 대학마다 존재 유무가 다르고, 명칭이나 세부 교육과정이 다른 경우가 너무나 많습니다. 학과 관련 키워드를 주면 관련 학과들을 검색해주는 기능으로, 홈에서 [대학/학과/전형]-[학과정보]에서 대학명은 입력하지 않고, 학과 관련 키워드를 검색합니다. 지역도 설정할 수 있습니다.

6) 각 시도교육청 진로진학정보센터

URL **서울진로진학정보센터** www.jinhak.or.kr

URL **경기진학정보센터** jinhak.goedu.kr

각 시도교육청 산하 기관으로 진로진학정보센터들이 운영되고 있습니다. 각종 알짜 정보들을 제공할 뿐만 아니라, 입시설명회, (서울의 예로는)입시 상담을 해주기도 합니다. 당연히 무료입니다. 여기에서 설명회를 하거나, 진로 진학 상담을 하는 선생님들은 열정 있는 전문가들로 구성되어 있습니다. 학교 현장을 더 잘 아는 선생님들의 입장에서 입시 이야기를 들어보는 것도 꼭 필요합니다. 설명회나 연수 자료를 선뜻 올려주는 경우도 많습니다. 전문가 선생님들이 총동원해 집필한 자료가 배포되기도 합니다. 실제 사교육에서도 많이 참고하고, 자료들을 출처와 함께 공유하기도 합니다. 예시로 책에서는 서울과 경기 지역만 링크를 적었지만, 전라북도교육청 진로진학센터, 부산진로진학지원센터, 강원진로교육원 등 시도교육청 등 지역에 맞게 검색하면 됩니다.

7) 쎈(SEN) 진학 나침반

URL ipsi.jinhak.or.kr

서울특별시교육청 교육연구정보원에서 야심 차게 만든 사이트로 앱도 있습니다. 알짜 정보들이 가득한데 저자가 보기에 학부모들이 가장 인상 깊게 볼 만한 자료라 생각하는 것은 '수시/정시 합격 불합격 사례'와 '정시 합격 예상 조회'입니다. [홈]-[합불사례]-[수시/정시 합불사례]-[수시]-해당 대학 클릭 후 [검색] 버튼을 클릭하면 아래와 같이 산포도로 합격자 데이터를 공개합니다.[1]

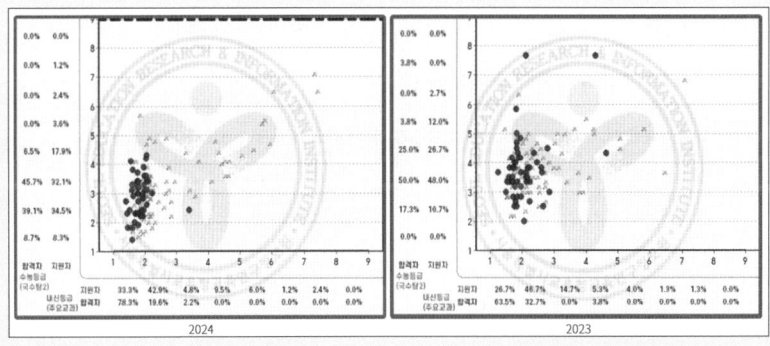

---

1 세로 축은 해당 전형 합격자의 수능 백분위, 가로 축은 (주요 교과)내신 등급입니다. 가로에 집중하면 합격자의 내신 분포를 가늠할 수 있습니다. 단, 위 데이터는 전체 집단은 아니며 전국적으로 데이터가 입력되긴 하지만 주로 서울시의 표본으로 이루어져 있습니다. 표본은 전체의 약 10~30% 정도로 대표성은 대체로 부족함이 없습니다. 참고로, 쎈(SEN)진학 나침반은 교사 권한 없이 학부모, 학생들도 대학, 계열별로 합격자 데이터를 위와 같이 확인할 수 있으나, 개별 모집단위에 따른 합격자 데이터는 교사만 쎈(SEN)진학을 통해 확인할 수 있습니다. 만약 개별 모집단위에 따른 합격자가 궁금한 경우 기록해 두었다가, 선생님과의 진학 상담 시 문의하면 됩니다. 다만, 시도교육청이나 학교에 따라 쎈(SEN)진학이 아닌 다른 프로그램을 활용할 수도 있습니다.

위 수시 전형뿐만 아니라 정시에서도 개별 합격 사례를 찾아볼 수 있습니다. 또한, 정시 접수 시즌에 맞춰, 정시 합격 예상 메뉴를 [지원가능대학 조회] 항목으로 만들어 놓기도 합니다. 많은 아이들이 정시 전형 접수를 위해 소위 모의지원과 표본분석에만 의존하곤 합니다. 하지만 단일 프로그램이나 관점이 아닌 '여러 관점으로 함께' 정시 전략을 구상하는 것이 정시 지원에서는 중요합니다. 그 여러 관점 중 하나가 쎈(SEN) 진학 나침반 '정시 합격 예상 조회'입니다. 통상 수능 응시자의 10~30% 내외의 통계적으로 아주 큰 표본으로 만들어진 배치 프로그램을 통해 '신호등 색깔'로 정시 지원가능 대학 라인을 어느 정도 판단할 수 있습니다.

합격자의 개별 데이터, 정시 합격 예상 이외에도 진로검사, 1:1 상담신청, 선택과목 안내, 대학별 정보, 자주하는 질문 등 다양한 진로진학 정보를 제공하고 있습니다.

8) EBSi 1:1 대입상담실, 입시설명회

[URL] www.ebsi.co.kr/ebs/ent/enta/retrieveEntAdviceList.ebs
[URL] www.ebsi.co.kr/ebs/ent/enta/retrieveIpsiBriefingList.ebs

EBSi에서는 무료 교과 수업(인강) 이외에도 온라인 게시판 상담을 진행하고 있습니다. [EBSi 홈]-[입시정보]-[1:1 대입상담실]에 들어가 게시판에 질문을 남기면 통상 18시간 안에 답변이 달립니다. 20명이 넘는 전문가 선생님들이 상시 대기하고 있기 때문입니다. 실시간 상담이 아니라 게시판 문의형 상담인 만큼, 개인의 상세한 입시 정보와 함께 질문을 구체적이고 세밀하게 하는 게 의미 있는 답변을 얻을 가능성을 높입니다.

또한, EBSi에서는 각 지역에서 입시설명회를 진행하고 있습니다. 오프라인 참여를 해야만 하는 것은 아닙니다. 해당 입시설명회 영상도 [EBSi 홈]-[입시정보]-[입시설명회]에 업로드됩니다.

9) 각 대학 입학처 유튜브

각 대학 유튜브에서도 각 전형 안내, 전공 소개 등 다양한 공식 영상을 게시하고 있습니다.

[예시]

[학종 정보] 서울시립대: youtube.com/@studio_UA

경희대: youtube.com/@KHU_AO

서울대: youtube.com/@SNU_Admissions

[논술 안내] 성균관대: youtube.com/@skkuadmission/videos

[학과 소개] 고려대: youtube.com/@aokorea

에필로그

일 년에 수십 번의 대입설명회와 세미나, 교사간담회, 수백 명 학생들의 상담, 수십 건의 진학 관련 연수와 강의, 각종 진로·진학 행사 운영을 하며 입시에 대한 노하우가 나름대로 많이 쌓였습니다. 설명회에 가면 아는 내용이 이미 90%였지만, 새롭게 알게 되는 10%를 듣기 위해 먼 걸음을 하고 여러 유튜브를 찾아보았습니다. 제가 아는 것이 많아질수록 저도 아이들에게 조급한 마음이 들었습니다. 그러다 보니 아이들에게도, 학부모에게도 잔소리의 어조가 되는 듯하기도 했습니다. 결국 대학은 아이들이 가는 것이기 때문에 제가 많이 알고 있는 것으로는 한계가 있다는 것을 깨달았습니다.

실제로, '이건 내가 이미 여러 번 강조했는데' 싶은 내용들도 학부모들이 매번 질문하시는 걸 경험하면서 처음에는 답답하기도 했고 어떻게 전달할까 고민했습니다. 그러다 점점 공부하느라 이미 지친 아이들의 상황과 학부모도 삶이 바쁠 수밖에 없다는 사실을 받아들이게 되면서 그래도 나는 계속 내 자리에서 할 수 있는 일을 하자고 마음을 먹게 되었습니다.

학교 일을 하면서도 '내 자리에서 할 수 있는 일'을 더 고민하던 중 유튜브로 입시 정보를 전달하게 되었고, 이러저러한 프로젝트를 궁리하고 실행하던 중 이렇게 책을 쓰게 되었습니다. 책을 쓰면서도 여러 걱정은 있었습니다. 수많은 선생님들이 책을 집필하고 계시고, 저도 여러 형태로 집필을 하면서 '입시는 참 휘발성이 강하다'는 점을 느꼈기 때문입니다. 시시각각 변하니까요. 그러면서 동시에 학부모에게 더 필요한 것이 무엇일까 고민했습니다. 여러 숫자, 지표를 표로 깔끔하게 정리하는 일종의 '정보의 요약'도 참 중요하지만, 학부모가 아이의 진로와 진학에 어떻게 도움을 줄 수 있을지 생각하고 나름의 가치관을 형성해 나가는 힘을 갖도록 도움이 되어야겠다고 생각했습니다.

그러다 보니 두 가지 아쉬운 점이 나타났습니다. 방대한 입시 정보의 바다에서 사전식 요약을 하지 못한 점이 첫 번째입니다. 대신 정보를 취득할 수 있는 곳을 본문과 부록에 최대한 언급하고자 했습니다. 즉, 많은 물고기를 다 잡아드리는 것보다는 물고기를 잡는 법을 알려드리고자 했습니다.

두 번째는 아이의 진로와 진학에 있어 학부모의 역할을 이야기하다 보니 다소 '혼내는 어조'가 담긴 점입니다. 수많은 설명회와 상담을 하면서 보니, 부모님과의 갈등과 교육 방식으로 인해 아이가 너무나 힘들어하고 오히려 독이 되는 경우를 많이 목격한 탓에 더 말이 많았던 듯합니다. 그나마 길벗 출판사의 담당 편집자 님 덕분에 조금 완화되었지만, 여전히 '뭐라고 하는 듯한' 어조가 담긴 부분은 넓은 마음으로 양해를 부탁드립니다.

이 같은 여러 한계에도 불구하고 이 책이 입시에 대한 의미를 더욱 높은 차원으로 이끌어 줄 것이라 기대하고 있습니다. 입시가 단순히 대학을 가는 과정을 넘어 '아이를 알아가는 기회', '아이가 더 나은 사람으로 성장할 기회', 궁극적으로 아이가 더 행복한 사람으로 성장해 사회의 건강한 일원으로 나아가도록 하는 역할이 되었으면 합니다.

출처

46쪽 서울시교육청 제공 이미지 수록

47쪽 EBSi 홈페이지 1:1 대입 상담실 https://www.ebsi.co.kr/ebs/ent/enta/retrieveEntAdviceList.ebs

52쪽 서울대학교 입학처 홈페이지 https://snuarori.snu.ac.kr 참고

54쪽 한양대학교 입학처 이미지 https://go.hanyang.ac.kr/gate.do 참고

55쪽 건국대학교 2026학년도 학생부위주전형가이드북 이미지

동국대학교 2026 전공 가이드북 이미지

한양대학교 2025학년도 논술가이드북 이미지

성균관대학교 입학처 홈페이지 화면 https://admission.skku.edu/admission/html/main/main.html

한양대학교 입학처 홈페이지 이미지 https://go.hanyang.ac.kr/gate.do

61쪽 대학알리미 '2024학년도 신입생의 출신 고등학교 유형별 비율' 참고 https://www.academyinfo.go.kr

63쪽 SWU 성과공유 컨퍼런스, 서울여자대학교 2024 참고

172쪽 대학알리미 '신입생의 출신 고등학교 유형별 현황' 참고 https://www.academyinfo.go.kr

185쪽 쎈(SEN) 진학 나침반 홈페이지의 대학 산포도 이미지 https://ipsi.jinhak.or.kr/ssenjh/main/main.do

그 외 NEW 학생부종합전형 공통 평가 요소 및 평가 항목(경희대학교 입학처, 2022)

2023 유초중등 학교급별 개황(교육통계서비스)